中学校理科の授業づくり はじめの一歩

Miyauchi Takuya
宮内 卓也

明治図書

はじめに

　私の教員生活は，東京都八王子市の公立中学校でスタートしました。

　ここでは2人の先輩の先生に恵まれ，空き時間が重なっているところでは，教科会の時間を設けてくださいました。日々の実践や科学の話題を語り合う場をつくってくださり，いろいろなアドバイスをいただきました。時折，夜の八王子に私を連れて行ってくださり，科学談義に花を咲かせたことも懐かしい思い出です。初任の時代を乗り越えられたのは，お2人の先生のおかげです。

　八王子市の理科部会では，幹事の先生のご尽力でたびたび研修会が催されました。ちょっとした工夫やアイデアでいろいろな教材が生まれることを学び，自分の授業で新たな教材を試してみる喜びを知りました。このときに教えてもらった教材のいくつかは，今でも私の定番です。また，当時，多摩地区には「アルキメデスを育てる会」という研究会がありました。地域の理科の教員が教材や話題を持ち寄り，日頃の実践を交流する会です。ここでも，他校の先生との交流が生まれました。

　附属中の時代の同僚は動物を自ら飼育し，フィールドにも出かけます。動物の話は，経験に裏打ちされたものが多

く，説得力がありました。もう1人の同僚は，興味をもった本を片っ端から手に入れています。「全部読んでいるわけではないです」と謙遜しますが，旺盛な好奇心と豊かな知識には頭が下がりました。

ふり返ってみると，このように，実に多くの人との出会いのうえに現在の自分があることに気がつきます。初任のころの先輩の先生方，研究会で出会った先生方，附属中の同僚の先生方など，多くの先生方から刺激をいただきました。附属中の教員になってからは大学の先生とのご縁もできました。現場の実践に対して，理論的な裏づけを示してくださり，新たな視点をいただきました。そして，これまでに出会った数多くの生徒たちからも，多くのことを学びました。

本書は，そういった私自身の学びを，次代を担う若い理科の先生方や，これから理科教師になりたいと考えている方々に伝えるために書いた本です。

最後に，明治図書出版の矢口郁雄氏には，本書を執筆する機会をいただき，大変お世話になりました。心から御礼申し上げます。

2016年4月

宮内　卓也

はじめに

第1章
学習指導要領と指導計画

学習指導要領と教科書……………………………………010
年間を見通した授業づくり………………………………013

第2章
課題の設定

課題が授業を決める………………………………………016
課題設定における導入の大切さ…………………………019

第3章
発問と生徒の発言

授業における発問の役割…………………………………024
発問のポイント……………………………………………028
指名の方針…………………………………………………036

第4章
観察，実験

観察，実験の意義……………………………………040
観察，実験の工夫と改善……………………………047
安全性への配慮と予備実験の重要性………………050
効果的な演示実験……………………………………054

第5章
思考，表現の場面のつくり方

思考し，表現させることの大切さ…………………062
実験を計画する場面…………………………………065
実験結果を分析し，解釈する場面…………………068
法則や原理を事象に適用する場面…………………070
探究的な活動を行う機会……………………………072

第6章
学習環境づくり

理科室と教室…………………………………………076
理科室の机の配置と授業づくり……………………079
教室の机の配置と授業づくり………………………081
屋外における活動……………………………………083

第7章
板書とノート，ワークシート

板書とノートの役割……086
板書とノートの実際……089
ワークシート……095

第8章
評価とその方法

評価とは……098
多様な評価方法とその実際……104
評価と高校入試……108

第9章
定期考査の問題づくり

目標に即した問題づくり……110
問題づくりの実際……116

第10章
理科室経営

理科室経営で目指すこと……122
理科室経営の実際……124

第11章
機器の活用

スライド（パワーポイントなど）……………………134
教材提示装置……………………137
映像教材……………………139
ホワイトボード……………………140
電子黒板……………………141

第12章
授業規律とルール

授業規律の大切さと難しさ……………………144
確認したいルールと指導……………………146

第13章
授業で配慮したいこと

生徒の目線で考える……………………150
声の大きさとテンポ……………………153
授業中の立ち位置……………………155
机間指導……………………157

Chapter 1

第1章
学習指導要領と指導計画

学習指導要領と教科書

1 学習指導要領と教科書検定

　学習指導要領は文部科学大臣が作成する教育課程の大綱的基準であり，その内容の範囲や程度等を示す事項は，**すべての生徒に対して指導する内容の範囲や程度等を示したもの**であるとされています。平成28年4月から新教科書に変わりましたが，中学校理科の教科書は現在5社から発行されており，いずれも学習指導要領に基づく教科書検定を経ています。各地域ごとに決められた手順で教科書が採択され，生徒の手元に届きます。

2 教科書による相違

　検定を経て教科書が発行されているので，教科書で扱っている項目そのものに際立った相違はありません。しかし，それぞれの教科書を見比べていくと，細部では授業の展開や採用する生徒実験が異なっているところがあることに気がつきます。**学習指導要領はあくまでも大綱的なものなので，その解釈には幅がある**のです。

例えば、鉄と硫黄の化合の実験では、実験方法が教科書によって異なります。

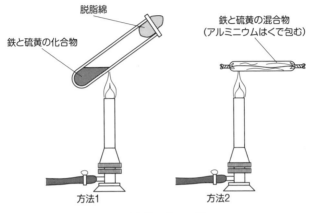

実験方法の違いの例

方法1は試験管に鉄と硫黄の混合物を直接入れて加熱する方法です。鉄と硫黄が赤熱しながら反応するようすがよくわかりますが、試験管を汚損してしまいます。

一方、方法2は鉄と硫黄の混合物をアルミニウムはくで包んで加熱する方法です。試験管を使用せず、反応後の実験も行いやすいのですが、鉄と硫黄の反応を直接観察することができません。

方法1と方法2のどちらを選択するかは、指導者によって判断が分かれるところでしょう。これは1つの例ですが、**同じ検定を経た教科書でも、授業の展開や実験方法が異なる部分がある**のです。

3 いろいろな教材や授業展開の比較

　自校で使用している教科書だけにこだわらず,一度は学習指導要領を読み,5社の教科書が学習指導要領をどのように解釈しているのかを読み比べてみることをおすすめします。また,**様々な実験書や実践報告を参考にしながら,それぞれの教師が自分なりの解釈をしてみることが大切**です。

　しばしば「教科書を教える」のか「教科書で教える」のかが議論の的になりますが,教師が主体的に授業にかかわることの重要性を考えれば,自分なりの教科観をもち,「教科書で教える」を目指したいものです。ただし,それが学習指導要領から大きく逸脱したものであってはいけません。「教科書」という言葉は「型どおりで融通がきかない」という文脈で使用されることがありますが,そのような認識は必ずしも教科書を正しくとらえたものではありません。教科書は多くの研究者と現場の教員,編集者による議論を経て世に出てきたものであり,**教科書の背景にある様々な意図を行間から読み取ってみることも大切**です。授業に新しい実験や指導法を取り入れたとしても,生徒にとっては教科書が学習を進める際の指針となります。**授業で扱った内容が教科書のどの部分と関連しているのかを示すことも大切**です。

年間を見通した授業づくり

1 教育の機会均等と未履修

　学年末が近づくと「このままでは教科書が終わらない」と心配する声を耳にすることがありますが,「習っていないところがある」という状況は避けなければなりません。高校入試における不利益の心配はありますが,それ以前に**学習機会を保障できない**ということが問題です。見通しをもった年間指導計画が大切です。

2 年間指導計画のポイント

　年度はじめに,勤務校の年間行事予定と見比べながら年間指導計画を立ててみましょう。教科書の指導書にも資料が掲載されていることが多いので,それを参考にするのもよいでしょう。

　年間指導計画を立てる際は,以下の点に注意します。

余裕をもって計画しているか

　生徒の理解が十分ではないときは,予定よりもじっくり

と時間をかけて指導する場面も出てきます。**余裕をもって計画を立てましょう。**

多様な資質能力を育てる場をつくっているか

例えば，「実験計画を立てさせたい」「実験結果をじっくりと分析し解釈させたい」「学んだ法則を基に課題を考えさせたい」「確実に技能を身につけさせたい」など，**多様な資質・能力を身につけるために，単元によって重点的に行いたい活動がある**ものです。多様な活動を念頭に置いて年間の計画を立てましょう。

実験器具や消耗品は足りているか

理科の授業では，多くの器具や消耗品を必要とします。**発注してもすぐに届くわけではありませんし，予算配分を誤れば，後半の授業が苦しくなります。**現状を確認し，年間を見通した準備をしておきましょう。

日々の授業を年間指導計画の中に位置づけているか

日々の授業が年間の指導計画の流れの中にどのように位置づいているのか，既習事項とどのように関連しているのか，教師が十分に理解しておきましょう。特に，**中学校1年生を担当するときは，小学校で何を学習してきたのかを事前に把握しておく必要があります。**

Chapter 2

第2章
課題の設定

課題が授業を決める

1 課題を明確にすることの意義

　下図のような酸化銅と炭素の酸化還元反応を例に，課題を明確にすることの意義を考えてみます。

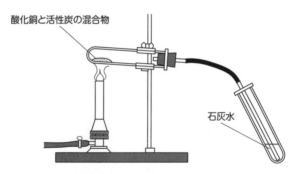

酸化銅と炭素の酸化還元反応

　教師が唐突に「今日は酸化銅と炭素の化学変化を調べます。実験方法は…」というように授業を始めました。生徒は見通しをもつことなく，指示された実験を淡々とこなします。見通しがないので，何を考察してよいかもわかりません。**実験は何となくおもしろかったけれど，結局何をや**

ったのかわからないという授業になりそうです。

それに対して、**「身の回りでは様々な金属が利用されていますが、鉱石として掘り出されるものは、酸化物などの化合物です。どうしたら金属を取り出すことができるでしょうか？」**と問いかけて授業を始めたとします。生徒はすでに分解や化合、原子・分子を学んでいるので、化合している物質をうばうことができれば金属を得られるということに気づかせることができます。こうしたやりとりを経ることで、「酸化銅から銅を取り出すことができるか」という課題が明確になります。すると、活性炭や石灰水を用いる意味も見えてくるわけです。

これはほんの一例ですが、課題をしっかりと設定することには、以下のような意義があります。

1　見通しをもたせ、主体的、意欲的に取り組ませることができる。
2　予想や考察の場面など、生徒自身で思考する場面が生まれる。
3　内容の理解が進み、学んだことの意義や有用性を実感させることができる。

上意下達式にただ知識を注入するのではなく、**疑問を誘発し、考えさせ、生徒自身で解決していく過程が大切**なのです。

2 課題の投げかけの工夫

前項で課題を設定することの重要性について述べましたが，課題の質も大切です。**課題の内容，方法，タイミングが授業の成否を分けます。**

課題を設定する際に，以下のような点に留意します。

> 1 解決しようとする課題が明確で，授業を通して解決することが可能か。
> 2 生徒が必要となる知識・技能や生活経験を備えているか。
> 3 生徒の興味を喚起させる課題になっているか。

解決しようとする課題を生徒が互いに共有し，授業を進めていく過程で解決できることが大切です。

課題を設定すれば，生徒が課題を基に思考する場面が生まれます。根拠をあげながら自分の考えを述べる場合，もとになる知識・技能や生活経験を備えていないと，考えが深まりません。

学習の原動力は何といっても生徒の好奇心です。生徒に「どうしてだろう？」「調べてみたい！」と思わせるような課題を設定することができればしめたものです。特に，**教師自身がわくわくしながら準備をした教材は，生徒の反応もいきいきとします。**

課題設定における導入の大切さ

1 授業の導入

教育実習の学生を指導していると、**いきなり本題に入る授業を計画することがあります。**実習生がこれまでに経験してきた授業の中に、そのような授業があったのでしょう。

そこで、導入の大切さを考えてみます。

前項で述べたように、生徒に課題を意識させるためにはいかに導入を工夫するかが大切であることがわかります。そこで、導入を考えるにあたっては、以下のような視点を大切にしましょう。

> 1　疑問を誘発し生徒自身で考えることができるか。
> 2　興味関心を喚起し、意欲を引き出せるか。
> 3　日常経験や既習事項をもとに事象について考えることが可能か。
> 4　日常生活や社会と関連しているか。
> 5　導入の内容が学習内容の本質につながるものか。

2 導入の事例

事例1 赤ワインの蒸留の導入

市販の赤ワインを生徒に示し,この赤ワインからエタノールを取り出す方法を考えさせます。これまでの学習を基に,水とエタノールの沸点の違いに注目させ,エタノールを取り出す方法を考えさせることができます。

中には,密度や融点の違いに注目する生徒もいます。授業の流れとは異なりますが,根拠をともなった意見は大切にしたいものです。時間が許せば,ワインを放置したり凝固させるなどして,エタノールがうまく取り出せないことを確認し,エタノールを取り出すことが難しいということを実証するとよいでしょう。

方法が決まったら,**「沸点の違いを利用することが有効かどうかを検証しよう」**と呼びかけます。

市販の赤ワイン

導入では実物を提示することが有効です。

「近所のスーパー○○で買ってきた○○円の赤ワインです」などと簡単な紹介を加えれば,教材がより身近なものになります。ただし,この実験では,使用する教材が酒類であり,その扱いと教師の言動には注意が必要です。

事例2 電力の導入

電球の入手が以前より難しくなりましたが、ここでは消費電力の異なる2種類の電球を2組用意し、それぞれを並列、直列につなぎます。このとき、どちらの電球が明るく点灯するかを予想させます。すでに回路と電流、電圧、オームの法則を学習しているので、それらを基にして予想することができます。並列か直列かで明るく点灯する電球が異なり、電流と電圧との両者が電球の明るさに関係することが示唆されます。そこで、**「電流，電圧と発熱量の関係を詳しく調べてみよう」**と呼びかけます。電流と電圧に注目する必然性が生まれます。

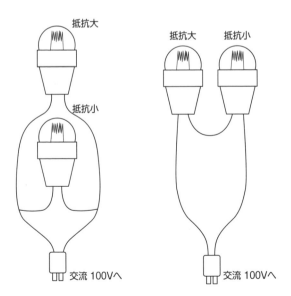

電球の明るさ比べ

事例3 角度をもってはたらく2力の合成の導入

　手がバケツを支える場合，1人で持つよりも2人で持った方が小さな力で済むと考えますが，図のように手の開き方を変えていくと，手がバケツを引く力の大きさが変化します。1人の手がバケツを引く力も2人の手がバケツを引く力も，バケツを支えるという点では同じはたらきをしています。**このときの1力と角度をもってはたらく2力の間にはどのような関係があるのかを問いかけ，実験によって詳しく調べる**ことを促します。

開き方の違いによる力の大きさ比べ

　ここまで，3例を紹介しました。
　いずれも，具体的な事象を通して興味・関心を喚起するとともに，疑問を誘発し，調べてみようとする意欲を引き出そうとしています。話題によっては，**きまりや法則を学習した後にもう一度導入の話題に戻って最初に生じた疑問を解決し，問いかけたままにならないようにしましょう。**

Chapter 3

第3章
発問と生徒の発言

授業における発問の役割

1 教師が生徒に言葉を投げかける場面

　授業の中で，教師は生徒に多くの言葉を投げかけます。教師が生徒に向けて言葉を発する場面として，発問，助言，指示，説明，質問の場面が思い浮かびます。「助言」という言葉からは，生徒の言動に対して，教師が支援している場面が思い浮かびます。「指示」という言葉からは，具体的な活動の方法を教師が生徒に示している場面が思い浮かびます。「説明」という言葉からは，教師が生徒に対して実験の方法や学んだ内容を伝えている場面が思い浮かびます。それでは，発問と質問はどのようなものでしょうか？

2 発問と質問の違い

　発問は，授業の中でどのような役割を果たしているのでしょうか？　ここでは，発問と質問の違いに注目したいと思います。発問と質問とでは何が異なるのでしょうか？
　発問は生徒の思考や探究を促すために発せられる問いで，その後展開される授業の課題に密接に関連するものです。

例えば，1年の化学領域では，身近な白い粉末を区別する実験があります。その際，以下のような発問を投げかけることが考えられます。

> 砂糖，食塩，片栗粉のラベルがはがれて，どれがどれだかわからなくなってしまいました。どうしたらよいですか？

生徒は，小学校での学習や日常生活の経験を手がかりに，砂糖と食塩と片栗粉を区別する方法を考え始めます。生徒の思考や探究を促しており，「発問」と言えます。

一方，指導の過程では，知識の確認を行うために，生徒に問いを投げかける場面があります。**知識の定着を確認する場合やこれから課題に取り組むため必要となる基本的な知識を確認する場面**などが考えられます。これは，単純な知識の確認であり，「質問」と言えます。

このように，発問と質問は似ていますが，役割が異なるので意識して区別したいところです。

知識の定着を図ったり，新たな課題に取り組むための確認をしたりするという点で，質問は重要な役割を果たしますが，**質問ばかりで構成された授業は生徒の学習意欲を低下させます**。授業の根幹となる課題を意識させるという点で，発問の役割は重要です。第2章で話題にした課題の設定と発問には密接な関連があると言えます。

3 生徒をゆさぶる発問

 発問の中には，**あえて生徒がもともともっている疑念に混乱を引き起こし，より確かな見方や考え方へ導くいわゆる「ゆさぶり発問」**というものがあります。

 3年の物理領域の例で考えてみましょう。

 台車Aと台車Bは同じ台車で，互いに向き合って接しています。台車Bのボタンを軽く押すと，台車Bの内部で縮んでいたばねが伸び，中の棒が押し出されます。

 このあと，台車Aと台車Bがどのようになるでしょうか？

ボタン
ばね
棒
台車A　台車B

 もともと，ばねが縮んだ状態で収納されており，ボタンを押すことをきっかけにしてばねが解放され，その勢いで棒が飛び出します。このとき，台車Aと台車Bがそれぞれどのような挙動を示すのかを問う発問です。

この発問に対する生徒の考えは、以下のようにいくつかに分かれます。

> 1 台車Bが台車Aを押すのだから、台車Aだけが左に動き、台車Bは動かない。
> 2 台車Bが台車Aを押すのだから、台車Aが左に動くが、台車Bも反動で、少しだけ右に動く。
> 3 台車Bが台車Aを押し、台車Bも同じ力の大きさで反対向きに押し返されるので、左右に同じ距離動く。

生徒がもともともっているイメージと現実に起こる事象の間にはギャップがあることが多く、そのギャップに働きかけることで、上のような考えの相違が表出します。

生徒の考え方が定まったところで、実際に演示実験を行い、検証します。**説明や映像などで解説するのではなく、できる限り実証し、納得させることが大切**です。

実験を行うと、台車Aと台車Bは左右にほぼ等距離の位置まで移動することがわかります。同じ台車が等距離移動したことから、力の大きさが等しいと判断させます。

この学習では物体Bが物体Aに力をおよぼすと、物体Aも物体Bに力をおよぼし、その大きさは等しく、一直線上で反対向きであること（作用・反作用の法則）を理解させます。生徒をあえてゆさぶることで、学習内容の重要な部分に注目させるわけです。

発問のポイント

1 考える必然性や具体性があるか

　2年で電磁誘導を指導しますが，コイル内に棒磁石を出し入れする定番の実験があります。

　この実験を行うにあたって，以下のように発問をしたとします。

> 　コイルに棒磁石を出し入れしましょう。電流は流れるでしょうか？

　上の発問では，コイルと棒磁石を出し入れして電流を流す必然性が発問の中からは読み取れません。

　では，以下のような発問はどうでしょうか？

> 　私たちは電気を利用して生活しています。手回し発電機を分解してみると，コイルと磁石が入っているのがわかります。
> （実際に見せる）
> 　では，コイルと棒磁石を使って電流を流す方法を見

> つけてみましょう。どのようにすれば電流を流すことができるのでしょうか？

　発問を変えることで，**発電の原理を考えるという文脈で実験を行うことになります**。発問の意図が明確になり，生徒の活動に必然性が生まれます。

2 根拠を基に考えることができるか

　発問は生徒の思考や探究を促すために行われるものですから，生徒が自分の考えを述べる際は具体的な根拠もあわせて表現させたいものです。発問を検討する際も，**生徒がこれまでの生活経験や学習経験を基に考えることができる内容であるかどうかを吟味しておく必要があります**。

> 酸化銅から銅を単体として取り出すには，どのようにすればよいでしょうか？

　上の発問であれば，これまでの分解，化合，原子，分子の学習を基に，「酸化銀を加熱すると銀と酸素に分解したように，酸化銅も加熱して銅と酸素に分ければよい」「酸化銅は Cu と O が化合してできているので，CuO から O をうばうような物質があればよい」といった反応が期待されます。こうした反応はこれまでの学習が生かされた証拠であり，生徒が考えた根拠を読み取ることができます。

3 実証可能か

> 水が入ったコップと木片があります。水が入ったコップと木片を台ばかりにのせて重さを量った場合と，水が入ったコップに木片を浮かべて重さを量った場合とでは，重さはどうなりますか？

 上のように発問したとします。このように観察や実験を通して実証可能な発問を投げかけていくことも大切です。**観察や実験を通して納得させることで，実感をともなった理解に導くことができる**からです。

> 鏡に自分の姿を写すためには，どれぐらいの長さの姿見が必要でしょうか？

 この発問は，作図の仕方を学んでいれば，以下の図のように机上の作業で必要な長さを決定することが可能です。

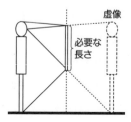

一方，長めの鏡を壁に設置しておき，観察者が自分の姿を鏡に写したときの頭のてっぺんとつま先の部分を付箋紙などで記録し，その幅を定規で測定するという観察，実験を通して必要な鏡の長さを決定することも可能です。

　2つの実証方法にはどちらも価値があります。発問を考える際は，**どのような過程を経て重要な考え方や概念に到達させたいのか，指導者の意図を明確にしておきたい**ものです。

4 生徒の思考をゆさぶることができるか

　凸レンズと実像について指導した後に，以下のような発問を行います。

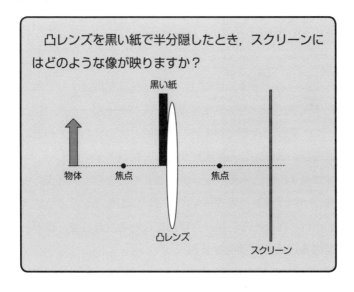

物体のある1点から出た光が凸レンズを通過し，それらが再びある1点に集まれば，その場所に倒立した実像ができるということが，この学習で重要な概念です。物体は焦点の外側にあり，凸レンズの下半分は光を通すことができるので，このような条件でも実像は映ります。ただし，上半分を遮光性の黒い紙で隠しているので，この部分については光が通過できません。光が通過することができる凸レンズの面積が半減するので，スクリーンに映る実像はその分，暗くなります。

　しかし，生徒たちは黒い紙に必要以上にとらわれ，混乱してしまうことが少なくありません。獲得した考え方や概念に確信をもてていないことがわかります。

　ある生徒は，作図の経験がかえって誤った考え方を誘発し，光軸に平行な光線やレンズの中心を通る光線を作図できないので，実像は映らないと考えます。別の生徒は，凸レンズの半分を黒い紙で隠しているので，像も半分しか映らないと考えます。さらに，別の生徒は実像はすべて映ると考えますが，明るさまで考えが及びません。

　この発問の後に実験を通して実証し，自分の考えのどこに問題があったのかを実感することになります。

　このように，ある程度学習が進んだところで，既習の内容について本質的な理解ができているかどうか，ゆさぶりをかけて確かめる発問は，**学んだことを定着させ，理解を深めるために大変有効**です。

5 多様な反応が期待できるか

1年の化学領域では蒸留を指導します。赤ワインの蒸留を行う際に，以下のような発問をします。

> 赤ワインの液体の成分としては，水とエタノールが混ざっています。より濃度の高いエタノールを取り出すにはどうしたらよいですか？

これまでの学習を基に考えるように促すと，生徒からは以下のような反応が出てきます。

> 1　赤ワインを冷やせば，水が先に凍るので，より濃度の高いエタノールを取り出すことができる。
> 2　赤ワインを静かに置いておけば，上の方にエタノールがたまる。
> 3　赤ワインを加熱すれば，沸点の低いエタノールが先に蒸発してくるので，冷やして集めればよい。

1の反応は，水とエタノールの融点の違いに注目しており，2の反応は水とエタノールの密度の違いに注目しています。3の反応は水とエタノールの沸点の違いに注目しており，この反応が蒸留の学習に直接つながります。指導者としては授業の運営上，3の反応に飛びつきがちですが，

1，2の反応もこれまでの学習を踏まえた考えであり，取り上げてみる価値はあります。それぞれの発言をほめたうえで，凍らせる実験と静かに置いておく実験については演示実験などを通して実証し，うまくいかないことを示せば，発言した生徒も納得します。こうした発問を通して，これから行う蒸留の意義を改めて印象づけることにもなります。

2年の物理領域では電磁誘導を指導します。棒磁石とコイルを使用し，コイル内の磁界が変化したときに電圧が生じ，電流が流れることを指導した後，以下のような発問を行います。

> 電磁誘導を応用して，発電機をつくることができるでしょうか？

各班にホワイトボードを配布し，模式図と説明を書かせて発表させます。**実現性や実用性は大目にみることにし，自由な発想で考えさせることが大切**です。

この発問を通して，発明した発電機をお互いに共有することで，その多様性を楽しむとともに，コイル内で磁界を変化させていること，磁界を変化させるためには何らかの動力が必要であること，などの共通点に気づかせることができます。

6 言い換え，追加，ヒントは臨機応変に

「化石からどのようなことがわかりますか？」という発問は，日本語としての意味はわかるものの，具体性に欠け，生徒にとっては答えにくいものです。この発問を以下のように言い換えると，サンゴを知っている生徒は，俄然答えやすくなります。

> 地層からサンゴの化石が出てきました。このことから，この地層についてどんなことがわかりますか？

また，この発問を行ったとき，「その地層が堆積したときの海の様子がわかります」と答えた生徒がいれば，さらに発問を続け，「『海の様子』って，どんな様子なのかな？」と追加の発問を行えば，より具体的な発言を引き出すことができるでしょう。なかなか答えが出てこなければ，「現在の海を思い出したとき，サンゴはどんなところで生活していますか？」とヒントを出せば，南国のイメージを想起させることができます。

ここで示したやりとりはほんの一例ですが，**教師が１つの発問を投げかけたとき，すべての生徒がその意図を確実に受け止められるわけではない**ということに注意が必要です。したがって，生徒の反応によっては，言い換え，追加，ヒントなどが必要になる場合があります。

指名の方針

1 生徒にいかに考えさせるか

　教師が発問すると,数人の生徒が次々に発言し,それらの発言を教師が整理しながら授業を進めていく場面を目にすることがあります。教師が生徒とコミュニケーションをとりながら進めていく活発な授業風景であり,必ずしも悪いことではありません。

　しかし,授業のゆくえを注意深く観察すると,**発言する生徒は限られており,あまり思考を巡らせていない生徒が少なからずいる**ことに気づきます。口頭で活発に意見が交わされる質の高い授業ももちろんありますが,油断をすると,一部の生徒だけが考え,一部の生徒の考えをまとめたものを教師が板書し,考えていなかった生徒は板書をただ機械的にノートに写し,わかったふりをしながらチャイムが鳴るのを待つ…という授業になってしまいます。

　生徒一人ひとりにしっかりと考えさせたいのであれば,発問の後に**自分の考えをノートやワークシートに書かせることからスタートしたい**ものです。

　書かせることには,以下のような意義があります。

> 1 学級全員が考える場を保障できる。
> 2 個々の生徒の考えや進度を把握し,実態把握や個別の支援ができる。
> 3 発言が苦手な生徒も,書いたものを基に発言することができる。

時間はかかりますが,じっくりと考えさせたい課題には時間をかけるだけの価値があります。話し合いが有効な場合は,机を班の形にして,互いの意見を発表させ,班の意見としてまとめあげることも1つの方法です。

2 どのように指名するか

指名の方法は学級の実態や場面によるので,一概にある特定の方法が最適であるとは言いきれませんが,教師がどのような意図で発表させるかによって,どのように指名するかも決まってきます。

「今日は9月17日だから…,17番の○○さん」と指名する教師がいますが,このような指名方法にはどのような意図があるのでしょうか？ ある発問に対して,ほとんどの生徒が同様の考えをノートに書いており,たまたま指名された生徒の記述内容をいくつか確認すればよいのであれば,この方法でも問題ないかもしれません。しかし,学級の中に多様な考えが存在しており,それらを共有したい場合は,

どのように指名すればよいのでしょうか？

まず、課題を考え、ノートやワークシートなどに書かせたとき、生徒がどのような考えをもっているのかを机間指導を通して把握しておきます。もし、ほとんどの生徒が適切な考えに到達している場合は、数名の生徒を指名し、その考えを確認する程度で終えてもよいですが、**多様な考えが示されている場合や、誤答が少なからず見られる場合には、意図的に多様な意見が出てくるように指名していく必要がある**のです。

3 班ごとの発表

班ごとに実験を行う場合などには、実験結果や考察も班ごとに発表させることが考えられます。

班ごとに発表させる場合、**まずは個々の意見を班内で発表し合う場を設定し、すり合わせをしたうえで班の意見として発表させることが大切**です。

また、班の中でだれが発表するのかということについてもルールを決めておき、より多くの生徒に発表の機会を与えられるようにします。

Chapter 4

第4章
観察，実験

観察，実験の意義

1 観察，実験にはどんな意義があるのか

　理科の授業の多くは観察，実験を中心に展開されます。生徒は，座学だけが続く授業に比べ，観察，実験のように活動がともなう授業を楽しみにしています。そのことそのものは問題ではありませんが，理科の授業は，**観察，実験さえやっていれば時間をやり過ごすことが可能で，一見すると授業の形になっているが，実は内容がない，という状況に陥る危険性も**はらんでいるのです。

　以前，他教科の教師に，「観察，実験の意義はわかりますが，観察，実験にあれだけの時間を投じるだけの学習効果はあるのですか？」と問われたことがあります。もちろん，学習効果を定量的に測定することは難しいわけですが，少なくとも観察，実験の重要性については理科教師として主張したいところです。観察，実験が単なる「作業」の時間になっていないか，自分自身を顧みる質問でした。

　理科は，自然の事物・現象を学習の対象としているという点に大きな特徴があります。多くの観察，実験を通して，科学的なものの見方や考え方を身につけさせるとともに，

実感をともなった知識を互いに関連づけ、体系化させていくことが求められています。人類が自然と調和しながら持続可能な社会をつくっていくことの重要性が指摘されている現代では、培った科学的な見方・考え方や体系化された知識を日常生活や社会の中で適用し、判断していくことが求められます。こうした資質能力をはぐくむためには、やはり自然の事物・現象としっかりと向き合うことが大切です。

私は理科の授業において、観察、実験の意義は以下のような点にあると考えています。

> 1 自然事象に興味、関心をもたせる。
> 2 自然事象から問題を見いださせる。
> 3 自然事象について実感を伴った理解を図る。
> 4 観察、実験を通して課題を解決させる。
> 5 きまりや原理などを実際の場面に適用させる。

同じ観察、実験でも、指導者の取り上げ方によって意義は異なりますし、1つの観察、実験の中に複合的に意義が存在している場合もあります。きまりを見いだすために実験を行えば、「観察、実験を通して、課題を解決する」という意義が強いですが、きまりを学習させた後に確認として観察、実験を行えば、「実感を伴った理解を図る」という意義が強くなります。また、自然事象に興味、関心をもたせながら問題を見いださせる場面もあるでしょう。

2 自然事象に興味，関心をもたせる

事例 いろいろな水溶液の性質

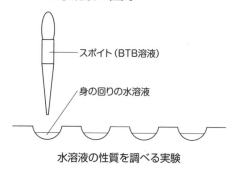

水溶液の性質を調べる実験

　3年の「化学変化とイオン」の「酸・アルカリとイオン」の単元では，導入でいろいろな水溶液の性質をBTB溶液などの指示薬を使用して調べさせます。例えば，多数のくぼみに様々な水溶液を少量入れ，指示薬を滴下します。水溶液として，薄い塩酸や薄い水酸化ナトリウム水溶液の他，トイレ用洗剤，食酢，炭酸水，セッケン水，カビとり剤などの身の回りの水溶液も使用します。

　小学6年で酸性，中性，アルカリ性について学んでいるので，学習内容の新規性は弱いですが，**指示薬の色の変化は美しく，今まで調べたことがない水溶液が並んでいることなど，生徒の興味，関心を引く実験**です。この後の学習にも直結する内容であり，導入として重要な実験と言えます。

3 自然事象から問題を見いださせる

事例 実像のでき方

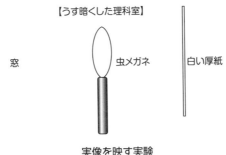

実像を映す実験

　1年の「身近な物理現象」の「光と音」の単元では，物体と凸レンズの距離を変え，実像ができる条件を調べさせ，実像の位置や大きさ，実像の向きについての規則性を定性的に見いださせます。この実験を行う前に，虫メガネと白い厚紙を用いて，簡単に像を映し出す経験をさせたいところです。

　上の図のように，うす暗くした理科室の中で凸レンズを明るい窓の方へ向け，窓と反対側に白い厚紙を置きます。虫メガネと白い厚紙の位置を移動させて調整することで，紙面上に室外の風景を映し出すことができます。こうした経験を通して，**「どのようなときに実像ができるのか」「実像の大きさを変えるにはどうしたらよいのか」**などの問題を見いださせ，定性的な実験を行う動機づけとします。

4 自然事象について実感を伴った理解を図る

事例 脊椎動物の仲間

　2年の「動物の生活と生物の変遷」の「動物の仲間」の単元では，脊椎動物の仲間の分類について指導します。様々な動物を見せる場合，一般的には資料集や資料映像で授業を進める場合が多い単元でしょう。私の以前の同僚は生物が専門ですが，脊椎動物の授業では，必ず魚類，両生類，爬虫類，鳥類，哺乳類の本物を理科室に用意します。動物の体のつくりの学習では，業者から様々な臓器を取り寄せ，理科室に広げて見せています。生徒は理科室のテーブルを回り，それぞれの特徴を記録していきます。**生徒は資料集や資料映像とは比較にならないぐらい多くの情報を感動とともに記録しており**，本物の観察を通して理解を図ることの大切さを改めて感じます。

5 観察，実験を通して課題を解決する

事例 電気泳動

　3年の「化学変化とイオン」の「酸・アルカリとイオン」の単元では，酸とアルカリの性質がそれぞれ水素イオンと水酸化物イオンによることを実験を通して見いださせます。例えば，塩化水素（HCl）は水に溶けて水素イオン（H^+）と塩化物イオン（Cl^-）に，水酸化ナトリウム

(NaOH) はナトリウムイオン（Na⁺）と水酸化物イオン（OH⁻）にそれぞれ電離していることは学んでおり、酸とアルカリの性質を決めているイオンが何であるかが、この実験を行うにあたっての課題です。

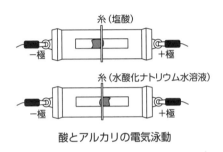

酸とアルカリの電気泳動

上の図は硝酸カリウム水溶液を染み込ませたろ紙の上にpH試験紙を置き、中央に塩酸、水酸化ナトリウム水溶液を染み込ませた木綿の糸を置いたところです。両極に電圧をかけると、塩酸の方は－極側のpH試験紙が変色することから、酸の性質の原因は＋の電荷をもったものであると考えられます。また、水酸化ナトリウム水溶液の方は＋極側のpH試験紙が変色することから、アルカリの性質の原因は－の電荷をもったものであると考えられます。

この実験はほんの一例ですが、解決すべき課題について、観察、実験を行い、その結果を分析して解釈し、結論を得る過程が期待されます。**「観察、実験を通して見いだすこと」が理科の授業では重視されており、まさに中核となるタイプの観察、実験と言ってよいでしょう。**

6 きまりや原理などを実際の場面に適用する

事例 簡易モーターの製作

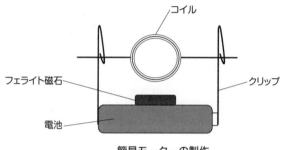

簡易モーターの製作

2年の「電流とその利用」の「電流と磁界」の単元では，磁界の中を流れる電流が磁界から力を受けることを指導します。その後に，上記のような簡易モーターを製作する実験を取り入れます。

原理や法則の理解を深めるためにものづくりを授業の中に取り入れることは，現行の学習指導要領でも求められています。簡易モーターを製作する実験は，安価で手に入れやすい材料で実施することが可能で，生徒一人ひとり個別に挑戦させることができます。

こうした実験を設定することで，しくみについて深く理解させることができるとともに，**学習した原理が実際に日常生活や社会で応用されていることを実感させ，原理を学んだ意義を認識させることができます。**

観察，実験の工夫と改善

1 まずは定番の実験をしっかりと

　教育実習生を指導していると，教科書の定番の実験をあえて避け，文献やネットなどから新しい実験を探そうと試みる学生に出会います。自分自身で工夫や改善を試みようとする姿勢は意欲の表れであり，必ずしも悪いことではありません。

　ただ，定番の実験も多くのベテラン教師の議論の末に残ってきた実験であり，多くの実践に裏打ちされたものです。**新しいものを求める前に，まずは定番の実験をしっかりと実践できるようになることが大切**です。

　また，定番の実験といっても，教科書によって細部で方法が異なる場合もあります。実験を決めるにあたっては，安全性，実験操作のしやすさ，結果の明瞭さ，実験器具の汎用性やコスト，実験の新規性などがポイントになります。どれも大切なことばかりですが，**安全性が最優先であることは疑いのないところ**です。そのうえで，どの視点を重視するかによって，教科書に掲載される実験は異なってきます。比較検討することも大切な教材研究です。

2 工夫と改善

　少し余裕が出てくると，様々な文献やネットの情報などを基に，新たな観察，実験の工夫や改善を試みたくなります。特に，**教師の意図と既存の観察，実験の方法が必ずしもぴったりと重なるわけではないので，そこに工夫と改善の余地が出てきます。**

　ここでは，私自身の工夫と改善の一例を紹介します。

事例 木炭の燃焼

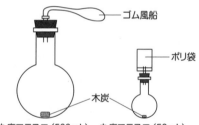

丸底フラスコ(500mL)　丸底フラスコ(50mL)

　『やさしくわかる化学実験事典』（左巻健男編著，東京書籍，2010）に木炭の燃焼の実験が紹介されています。500mL丸底フラスコ内を酸素で満たし，密閉した状態で木炭を加熱すると，木炭はオレンジ色の光を発しながら燃焼し，燃焼後はわずかな灰を残すのみで，木炭の姿がまったく見えなくなります。これは，以下のように炭素と酸素が結びついて二酸化炭素に変化したからです。

$$C + O_2 \rightarrow CO_2$$

　反応そのものはシンプルですが，燃焼していた木炭がしだいに小さくなり，突如として姿を消すさまは生徒の関心をひきつけます。私が好きな実験の1つです。

　私も当初は文献通りに，500mLの丸底フラスコを用いて実験を行っていましたが，より小さなスケールで実験ができないかと考え，50mLの丸底フラスコを使用する方法を考えました。使用する木炭の最適な質量を試行錯誤の中から決定し，ゴム風船のバッファーのかわりに小型のポリ袋のバッファーをとりつけました。

　改善の結果，丸底フラスコや実験用気体（酸素）を購入するためのコストが下がり，フラスコが小型化したために，収納しやすくなりました。今でも生徒実験として，必ず実践しています。

　このように，文献などで見つけた良質な実験も，実践してみると改善したいところが見えてきます。そのようなときには，自分の授業づくりに合った形で観察，実験を少しずつ改善し，実践しやすい方法にしていくことは大切な営みだと思います。また，改善する過程では，いろいろな人と議論することが大切です。研究会などに積極的に参加し，自分の開発した教材や改善した教材を発信してみることをおすすめします。いろいろな人からアドバイスをいただけますし，他の教材についての情報交換をする場にもなります。教材はみんなの共有財産として，互いに交流をはかりたいものです。

安全性への配慮と予備実験の重要性

1 なぜ予備実験は必要なのか

　理科の教師は，大学では主に理科にかかわる科目を中心に学んできており，理科の専門家と言えます。高校，大学と理系の科目を中心に学んできた若い教師にとって，中学校理科の学習内容は初歩的なものです。そのため，実験についてはその結果を予想できますし，教科書や実験書等で示された方法で行えば問題ないだろうと，つい予備実験をおろそかにしてしまうことがあります。教師の仕事は多忙で時間を生み出すことにも苦労をしますが，ぜひ**安全かつ円滑に実験を行うために，予備実験の重要性を再認識してほしい**と思います。

　予備実験には，以下のような目的があります。

> 1　試薬や器具，その操作が安全かどうかを検討する。
> 2　生徒が円滑に操作できるかどうかを検討する。
> 3　実験結果が明瞭かどうかを検討する。
> 4　実験に要する時間が適切かどうかを検討する。

2 試薬や器具，その操作の安全性の検討

　私が教師になりたてのころの話です。

　ガスバーナーを操作していた女子生徒が，ガス調節ねじを先にゆるめ，そこにマッチの火を近づけました。一瞬，大きな炎が上がり，女子生徒の前髪が燃えてしまいました。皮膚に影響がなかったことは不幸中の幸いでしたが，私にとって忘れられない出来事です。ふり返ってみると，ひと通りの指導はしていたのですが，**火をつけるときの姿勢や，マッチの火を近づけながらガス調節ねじを開くことについては，特に強調していなかった**のです。生徒の実態を踏まえた指導ができていなかったということになります。

　安全性は何にも増して優先されるべきものです。まず，教科書や文献で示された通りに実験を行い，安全性に問題がないかを確認することが大切です。教科書の定番の実験は，多くの議論を経て掲載されているものなので，致命的な問題があるとは考えにくいですが，それでも実際に予備実験を行ってみると，細かいところで問題点が見つかることが少なくありません。**文献やネット上の情報は玉石混淆で，そのまま行うとうまくいかない実験も少なくありません**。授業で行う場合と同じ条件で予備実験を行い，ある程度の試行錯誤を覚悟しておくことが必要です。

　一方，勤務している学校の生徒の実態を踏まえ，誤った操作を行ってしまった場合に，どのようなことが起こり得

るのかを予想し,その問題の回避策を検討しておく必要があります。教師が実験で大きな失敗を犯すことが少ないのは,これまでの経験を踏まえ,知らず知らずのうちに危険を回避しているからです。**はじめて学んでいる生徒のレベルから安全性を検討すると,新たな問題点が必ず見つかるもの**です。油断せずに,以下のような視点で実験の安全性を検討してみましょう。

---

1 器具に破損や劣化はないか。予備も含めて数がそろっているか。
2 机上の状態は安全か。燃えやすいものや割れやすいもの,倒れやすいもの,こぼれやすいものなどに対しての配慮ができているか。
3 生徒が実験操作を行ったときに想定される危険はないか。また,危険がある場合は,どのような対策が考えられるか。
4 安全上,どのような指示が必要か。安全眼鏡の着用や,いすを机の下に入れて立って実験することなどの指示は必要か。机間指導の留意点は何か。

安全性に問題がある場合は,具体的な改善を図り,**改善策がない場合は,思い切って実験を中止する勇気も必要**です。授業中に生徒が思いついた実験なども,教師に確かな見通しがない限り,安易に実施してはいけません。

3 生徒が円滑に操作できるかどうかの検討

　実験には緻密な操作も伴います。教師が段取りよくできる実験でも，生徒にとっては負担が大きい場合があります。そこで，普段指導している生徒のうち，**操作があまり得意でない生徒を思い浮かべながら予備実験を行い，問題点を検討します**。問題点がある箇所では，別の方法を検討したり，具体的な支援の方法を検討します。

4 実験結果が明瞭であるかどうかの検討

　結果を生徒が認識し，それを基に考察できるのが望ましい実験です。定量的なデータもできるだけ精度の高い値を目指したいものです。例えば，本来の色の変化が表れず「本当はこんな色になります」と補足したり，グラフ化させた後「本当は比例をします」と指導したりするのは避けたいものです。**事象を経験していない中学生でも十分認識できる次元の明瞭な結果が得られるか**どうかで考えましょう。

5 実験に要する時間が適切かどうかの検討

　実験に要する時間は授業計画に大きく影響します。**操作が得意でない生徒を想定したときの実験に要する時間を検討しておきたい**ものです。

効果的な演示実験

1 生徒実験か演示実験か

　生徒の直接体験を重視する立場からは，より多くの生徒実験を経験させたいところですが，学級の生徒を教卓などの前に集めて教師が実験を見せる演示実験にも意義があります。また，**すべての実験を生徒実験で行ってしまうと，実施できる実験の数は限られてしまいます。**

　演示実験にふさわしい条件としては，以下のようなものが考えられます。

1　装置が大がかりで，生徒実験のための準備をすることが困難な実験
2　操作が生徒にとって難しい実験
3　高度な安全性への配慮が求められる実験
4　実験を行いながら説明を加えることで，効果が期待できる実験
5　生徒実験で行うこともできるが，時間の関係で，短い時間で見せておきたい実験

2 装置が大がかりな実験

事例　自分自身を持ち上げる

滑車の実験

　3年「運動とエネルギー」の「力学的エネルギー」の単元では、仕事の原理を学習します。私は上図のように動滑車と定滑車を組み合わせた装置を自作し、校庭の高鉄棒を使用して演示実験を行ったことがあります。この装置を用いて、比較的小さな力で自分自身を持ち上げられること、持ち上げるためにはその高さ以上にひもを引かなければならないことを演示しました。

　こうした大がかりな実験を生徒実験で行うことは難しいため、仕事の原理の学習では、ばねばかりを用いて力の大きさやひもを引いた距離を測定する実験が生徒実験として広く実践されています。

　しかし、導入やまとめで**大がかりな装置の演示実験を行い、実感をともなった理解に導くことも効果的**です。

3 操作が生徒にとって難しい実験

事例 アンモニアの噴水

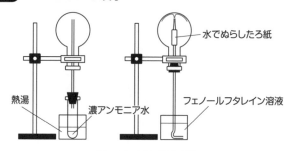

アンモニアの噴水実験

　1年「身の回りの物質」の「物質のすがた」の単元では，気体の性質を指導します。上図のようなアンモニアの噴水の実験は一般によく知られた演示実験です。

　まず，少量の濃アンモニア水を手早く試験管に入れ，熱湯で温めながらアンモニアを発生させ，上方置換法でアンモニアを集めます。アンモニアが集まったことは，濡れた赤色のリトマス試験紙を近づけたり，においを嗅いだりすることで判断できます。ただし，必要以上にアンモニアを空気中に発生させないために，予備実験でどの程度の時間をかけて集めれば実験が成功するかを調べておきます。

　アンモニアが集まったら，アンモニアの発生を止めるために濃アンモニア水を冷水につけます。続いて，水で濡らしたろ紙を巻いたゴム栓つきのガラス管を丸底フラスコに

取りつけ，ガラス管の下部はフェノールフタレイン溶液を加えた水につけておきます。やがて，フラスコ内に赤色の噴水が現れます。

この実験は，操作上様々なコツがあり，手早く操作を続ける必要があります。また，アンモニアは刺激臭が強く，大量に吸引すると人体に有害です。そのため，生徒実験よりは演示実験にふさわしい実験です。

演示実験は，実験ショーであると自覚することです。手を動かしながら，口頭でも効果的なトークを行います。濃アンモニア水を温めるとアンモニアが発生する理由，上方置換法で集める理由，乾いた丸底フラスコを用いる理由，濡れたろ紙を取りつける理由，下部のビーカーにフェノールフタレイン溶液を加えていること，噴水ができる直前に注目させるひと言など，演出効果を高める台詞は数限りなくあります。正確な操作と軽妙なトークを両立させるためには，それ相応の事前練習が不可欠です。**はずかしがらず，ぜひ声を出しながら予備実験を行いたい**ものです。演示実験は実験ショー。百発百中を目指しましょう。

なお，演示実験といっても，すべてを解説する必要はありません。**必要なことだけを説明して疑問を誘発し，課題を設定してもよいでしょう。**アンモニアの噴水であれば，「なぜ噴水ができたのか」「なぜ赤色の噴水なのか」をアンモニアの性質と関連づけて考えさせることもできます。

4 高度な安全性への配慮が求められる実験

事例　陰極線の観察

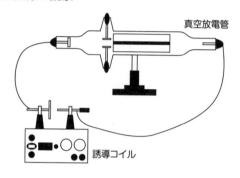

　2年「電流とその利用」の「電流」の単元では，誘導コイルなどの高電圧発生装置の放電やクルックス管などの真空放電の観察から，電流が電子の流れであることを指導します。

　誘導コイルは高電圧を発生させるため，**演示実験を行う教師自身も細心の注意を払う必要があるのはもちろん，生徒には決して触らせてはいけません。**実験を行う直前に装置を出し，配線を確認してからコードをコンセントに差し込み，電源を入れるようにします。

　実験中は，教卓から少し下がった位置で実験を見るように指示し，生徒がみだりに実験装置に近づくことがないようにします。最近では，安全のために誘導コイルの回りを囲むアクリルの箱をかぶせる商品もあります。

5 演示実験の際に配慮したいこと

安全を確保する

　演示実験は**学級の生徒を1か所に集めるため，何か事故が起きたときに大きな被害が出る可能性があります**。起こり得る事故を予想し，十分な対策を立てておきましょう。

　勝手に手に触れると危険な実験装置を扱う場合は，使用する直前に理科準備室から出すか，理科室に置いておく場合は目が届く位置に教員がいるようにします。

　教卓で危険な薬品や火気を扱う場合は，薬品が倒れてこぼれたり，火が広がった場合でも安全が保てるようなスペースを確保しておきましょう。

全員が見えているかどうかを確認する

　せっかく演示実験を行うのですから，学級全員が観察できることを確認します。前方の生徒はいすを持参して座らせ，後方の生徒は立たせて広がらせるなど，学級の人数や理科室の規模に応じた指示を事前に検討しておきます。

　また，中には消極的で演示実験に参加しようとしていない生徒がいます。**前方の生徒の裏に隠れがちですが，ひと声かけましょう**。

注意を引きつける工夫をする

　演示実験は直接生徒が行うわけではないので，かかわり

方には温度差があります。自分がやっているかのように積極的に参加している生徒もいれば，集中が途切れ，意識が散漫になっている生徒もいます。大切な場面や見せ場では声かけを工夫し，学級全体の目を事象に注目させる工夫をしましょう。**慣れないうちは，どうしても実験操作に気持ちがいってしまい，話をする方がお留守になってしまう**ことがあります。驚きや感動を学級全体で共有することが，学習効果を大いに高めます。台詞を含めて，事前に準備をしておきましょう。

学級全体で共有できるように見せる

　生徒実験にない演示実験のよさの1つとして，学級全体で事象を同時に共有できる，ということがあります。したがって，演示実験は生徒実験よりも大きなスケールで行う必要があります。予備実験では，生徒からどのように見えるかということをよく検証しましょう。ただし，スケールを大きくすることで危険性が増しては意味がありません。安全の確保は大前提です。

　細部を見せる必要がある場合，教材提示用装置を使用し，モニターの映像を併用すると，見にくい位置の生徒にも情報が伝わります。電子てんびんや温度計の数値データを扱う場合も，教材提示装置が有効です。代表の生徒に読みとらせる方法もありますが，**みんなで同時に温度や質量の変化を共有できると，実験結果に対する驚きや感動が違ってきます。**

Chapter 5

第5章
思考，表現の場面のつくり方

思考し，表現させることの大切さ

1 思考し，表現する場面をつくる意義

　理科は，知識を覚えることが主たる学習であるというイメージが強く，「暗記科目」と称されることもあります。実際，教育実習生が最初に提出する指導案を見ていると，知識の伝達に終始するものが少なくありません。ただ，このことで教育実習生ばかりを責めることはできません。見方を変えれば，教育実習生がそのような授業を受けてきたという背景も考えられるからです。

　これまでの科学の歴史をひもとけば，自然の事物・現象の中から課題を見いだし，課題に対する自分の考えをもち，その考えを検証するために実験を計画して実践し，実験結果を考察し，新たな課題に取り組む…という営みをくり返してきました。私たちが科学の恩恵にあずかることができるのも，こうした先人の営みのおかげです。

　知識や技能をしっかりと身につけさせるのは，もちろん大切なことです。それと同時に，**学んだことを生かしながら，疑問を明らかにしていく過程もじっくりと経験させたいものです。**

授業において，思考し，表現する場面を設定することには，具体的に以下のような意義があると言えます。

> 1　科学的な思考力，表現力を育成する機会になる。
> 2　生活経験や既習の知識や技能を生かす機会になる。
> 3　既習の知識や技能を定着させる機会になる。
> 4　学んだことの意義や有用性を実感する機会になる。

　知識をただ伝達するだけのスタイルで授業を展開していくと，生徒自身が考える場を保障することができません。
　科学的な思考力，表現力を育成するためには，具体的に生徒自身がそのことを経験する場が必要なのです。
　また，思考し，表現する場を設定することには，副産物もあります。思考し，表現するためには，生徒がすでにもっている知識や技能をフルに活用する必要に迫られます。活用することを通して，これらの基本的な知識，技能が深く定着し，学んだことが役立つ経験を通して，何のために学んだのかという意義や有用性を実感する好機が生まれます。運動の練習に例えるならば，基本的なトレーニングの繰り返しだけでは時にやることの意義を見失ってしまうものの，実戦で基本的なトレーニングの成果が表れれば，やってきてよかったと実感し，また基本的なトレーニングにも熱が入る，ということです。

2 思考し，表現する場面

思考し，表現する場面を設定することの意義を理解したとしても，ただ闇雲に考えさせればよいというものでもありません。授業の成否を決めるのは，生徒が「解決したい」「知りたい」という意欲をもっているかどうかです。それと同時に，生徒が目的を達成するために必要な生活経験や知識，技能，科学的な見方や考え方を備え，見通しをもつことができるかどうか，という点も重要です。したがって**年間指導計画を立てる際，単元の前後のつながりを意識しながら，思考し表現させるのにふさわしい場面を生み出す必要がある**のです。

思考し，表現するために

私は，思考し，表現させるには，次の3つの場面がふさわしいと考えています。

1　実験を計画する場面
2　実験結果を分析し，解釈する場面
3　法則や原理を事象に適用する場面

次ページから，それぞれの具体例をあげてみます。

実験を計画する場面

1 実験を計画する

　一般に，中学校の理科では，生徒に実験の計画をさせる授業は少ない傾向にあります。顔見知りの附属小学校の先生方からもこの点は指摘されたことがあります。小中のギャップを感じる点でもあります。

　実際，授業を見学すると，教師が課題を投げかけ，教師が実験の方法を説明するというスタイルの授業が少なくありません。この背景には，中学校では小学校に比べ，学習内容が高度化し，生徒だけに実験計画を委ねることには限界があるという問題があります。また，実験計画には多くの時間を要するものの，十分な授業時数を確保できないという問題もあります。

　しかし，**自然事象から問題を見いだし，その解決のための方法を自分自身で計画することは，生徒に獲得させたい重要な資質能力の1つです**。年間カリキュラムの中に実験計画の場面を設定し，生徒が主体的に実験に取り組む場を少しでも用意したいものです。

2 実験を計画する場面の具体例

事例 炭酸水素ナトリウムの熱分解

2年の化学領域では、炭酸水素ナトリウムの熱分解を指導します。「炭酸水素ナトリウムを加熱するとどのような変化が起こるだろうか？」と投げかけ、実験方法を説明して実験をさせる、というのがよくある授業のパターンでしょう。しかし、このままでは炭酸水素ナトリウムの変化を調べるべき必然性がありません。やはり、**事物や現象と出会う場面を設定し、何かに気づかせ、そこから課題を見いだすしかけをつくっておきたい**ものです。

実験ではすっかりおなじみになったカルメ焼きですが、縁日の屋台などで、しばしばカルメ焼きづくりに出会うことがあります。器用な手つきで砂糖を入れたお玉に水を入れ、加熱をします。タイミングを見はからって炭酸水素ナトリウム（重曹）を加えてかき混ぜると、おもしろいように砂糖が膨らみ、ついつい見入ってしまいます。

私の学校でも、時間が許せば班単位でカルメ焼きづくりに取り組み、炭酸水素ナトリウムを加えると膨らむことを経験させます。班によって膨らみ方に差ができますが、ある程度は膨らむことを経験できます。

次ページの写真は、生徒が実際につくったカルメ焼きの断面です。うまくできたことをほめると、少し得意げに断面を見せてくれました。断面の空間に注目すると、多数の

穴があいているのがわかります。生徒からは「炭酸水素ナトリウムを加熱すると気体が発生するのではないか？」という考えが出されます。ここまでくれば，気体の発生を確かめることと，気体の正体をつきとめることが課題となります。生徒は加熱する方法や発生した気体を集める方法，気体の種類を確かめる方法を計画します。

カルメ焼きの断面

　実験を計画させる授業では，生徒がこれまでの生活経験や既習の知識，技能，考え方を用いて見通しを立てることができることが大切です。1年ですでに気体の発生法，捕集法，確認法を学習しており，この課題に取り組むことは，それらの学習を生かす好機であると言えます。

　ただし，安全で円滑な実験を行うために，**生徒にまかせっぱなしにせず，生徒に実験計画を提出させ，必ず実験方法を点検します。**

　このように，実験を計画させる授業では，普段よりも多くの時間をかける余裕をもつことが大切です。

実験結果を分析し, 解釈する場面

1 実験結果を分析し, 解釈する

　実験結果を分析し, 解釈する場面は中学校理科の多くの授業で取り入れられているはずです。

　実験結果を分析し, 解釈させる際は, 以下の点に注意させます。

> 1　実験の目的が明確か。
> 2　結果の事実を正確に記録しているか。
> 3　結果を基に根拠をあげて結論を述べているか。
> 4　結論は実験の目的と対応しているか。

　生徒に記述させると, 事実と自分の考えを混同しているもの, 結論は書かれているが根拠に乏しいもの, 考察欄に感想を書いているものなどを見かけることがあります。したがって, 考察の指導をする際は, ただ「実験結果からわかったことを書きなさい」という抽象的な指示ではなく, **どのような要素を記述する必要があるのか, 具体的に教えること**が大切です。

2 実験結果を分析し，解釈する場面の具体例

事例 液体への浮き沈みによるプラスチックの区別

1年の化学領域では代表的なプラスチックの性質について指導します。「身の回りのプラスチックを浮き沈みで区別する」という課題を投げかけます。例えば，PE，PP，PS，PETは飽和食塩水，水，水とエタノールの混合液（質量比5：5）を用いれば区別することができます。物質の密度と浮き沈みについては事前に学習しておく必要があるので，**年間カリキュラムの中で学習順を確認します。**

実験の目的は，プラスチック片の正体を明らかにすることです。結果は事実の記録ですから，プラスチック片の浮き沈みを記録します。考察では，結論とその根拠を述べます。具体的には，結論は目的と対応していますから，ここではプラスチックの正体が何であるかを記述し，なぜそのように考えたのか，つまり結果から結論に至った根拠をあわせて記述させます。この実験では，密度の文献値や既知の試料を調べたデータ等を用いてプラスチック片の密度と液体の密度を比較すれば，それが根拠になります。

第5章 思考，表現の場面のつくり方

法則や原理を
事象に適用する場面

1 法則や原理を事象に適用する

　観察や実験を通して,様々な法則や原理を指導します。それらを具体的な場面で適用し,課題の解決を試みる機会を設定することが大切です。このような機会を設定することは,思考力,表現力を育成することに寄与しますが,同時に,学んだ法則や原理の理解を深めたり,学んだことの意義や有用性を実感させたりすることもできます。この点も見逃せません。

　法則や原理を事象に適用する活動を行うにあたっては,以下のような点が大切です。

> 1　すでに実験等を通して法則や原理を学んでいるか。
> 2　課題が明確で,必要な条件が示されているか。
> 3　日常生活との関連が図られているか。

　3は努力目標ですが,**日常生活や社会との関連が図られている方が,意義や有用性を実感しやすい**ものです。

2 法則や原理を事象に適用する場面の具体例

事例 モーターが回るしくみを考える

右図のような装置を使った実験を通して、電流が磁界の中で力を受けることを見いだします。また、電流と磁界の向きが力の向きに関係していることも合わせて見いだします。

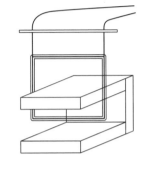

続いて、右図のような装置を使ってコイルを回転させる実験を行い、簡単なモーターを製作させます。

モーターが完成したところで、**なぜモーターが回転したのかを考えさせます。**

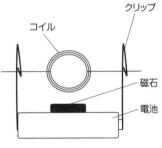

まず、コイルの両側で反対向きの力を受けていることからコイルが回転することを説明させます。次に、電流を流し続けると、逆向きに回転する力が生まれることに気づかせ、回転軸のエナメルなどの被覆部分の削り方に工夫を加えた理由についても説明させたいものです。この内容は、整流子とブラシの役割にもつながります。

探究的な活動を行う機会

1 探究的な活動

上図は探究の過程の一例を示したものです。

自然事象に対して疑問をもち，課題を見いだし，課題に

関係する情報を集めて仮説を設定し、仮説を基に観察・実験の計画を立て、それを実践し、実験結果を考察し、結論に至る流れを示しています。

実際の探究は、きれいにこの順番で進むとは限らず、行きつ戻りつを繰り返したり、思い通りの結果が得られず、別の方法の検討を迫られたりする場合もあります。

流れの中の一つひとつの場面は、日頃の理科授業の中で登場しますが、**一連の流れを経験する場面は意識していないとなかなかつくり出せない**ものです。年に数回でよいので、探究的な学習にふさわしい単元を選び、授業計画に入れておきましょう。話し合いや発表、レポートの作成を実践する好機です。

2 探究的な活動の具体例

事例 気体の正体を調べる

発泡入浴剤や酸素系漂白剤を水に入れると、気体が発生するところが見てとれます。このように、日常生活とのかかわりの中で気体が発生する現象を思い出させたり、実際に演示して見せたりする中で、発生している気体が何であるのかに疑問をもたせます。そこから、気体を調べる実験を計画させ、実際に実験を行い、実験結果を考察して気体の正体が何であるかを結論づけます。

探究的な学習を行うにあたっては、必要な知識や技能をある程度身につけておく必要があります。1年の化学領域

では，酸素や二酸化炭素などの主な気体の発生方法，捕集方法，性質を指導しています。その後，未知の気体を発生させて調べる実験を設定すれば，既習事項を生かしながら探究することが可能になります。

また，探究的な活動を行う場合，生徒の実験内容も細部で多様になります。必ず実験計画を提出させ，実験の妥当性や安全性をチェックしたうえで実施させることを徹底するとともに，机間指導をきめ細かく行い，不測の事態に備えます。また，**試行錯誤を繰り返すことも大切な経験になるので，そうした余地を残しておくことも指導の工夫の１つです。**

Chapter 6

第6章
学習環境
づくり

理科室と教室

1 教科の特性と理科室の現状

　国語，社会，数学，英語の授業は教室で，理科の授業は教室と理科室で行うというイメージがあります。個人的にはどの教科にも教科教室があるとよいと思いますが，実現はなかなか難しいものです。

　理科の場合，学習指導要領の教科の目標の中に観察，実験などを行うことが明記されており，ガス，水道や大型の設備，さまざまな備品が必要になります。少し古い調査になりますが，平成16年度受託事業文部科学省委託委嘱事業理科教育設備の整備及び活用に関する実態調査（社団法人日本理科教育振興協会）によれば，「理科学習のための特別教室（理科室）がある」と回答した学校は，18学級以下の中学校では，1室が32.2％，2室が55.9％，3室が6.7％，19学級以上の中学校では，1室が0.0％，2室が64.9％，3室が35.1％です。このように，1校2室が圧倒的に多いのが現状です。したがって，学級数や各学校の実態にもよりますが，理科の教師が3人以上いる場合，理科室使用の調整には工夫が必要です。特に，**観察，実験に熱心な教師が**

集まっている学校では，理科室は取り合いになることがしばしばです。この問題は指導計画にもかかわってくるので，それぞれの教師が担当している学年の進行状況を確認し，理科室使用の可否を確認し合う必要があります。また，複数の理科室で設備に差異がある場合，実施が可能な観察，実験と実施が不可能な観察，実験がありますから，学習内容を踏まえ，カリキュラムの調整も必要です。

2 理科室か教室か

私はすべての授業を理科室で行っています。これは校内の環境が恵まれていることはもちろんありますが，観察，実験を通して考えさせたり，実感を伴った理解を図ったりすることの重要性を考えれば，理科室で授業を行うことが自然の流れだと思うからです。しかし，教室と理科室では下記のようにそれぞれ長所と短所があるのも事実です。

理科室	教室
【長所】 ・観察，実験の環境が整っている。 ・実物をすぐに提示できる。 ・様々な作業がしやすい。 ・ICTの活用が容易である。	【長所】 ・落ち着いて講義ができる。 ・机の配置を自由に変えられる。 ・部屋がコンパクトで黒板が見やすく，声も届きやすい。
【短所】 ・講義の際，気持ちが散漫になりやすい。 ・黒板が見にくく声が届きにくい。 ・小テストなどは工夫が必要。 ・安全上の配慮が特に必要。	【短所】 ・設備がない場合，ICTの活用が難しい。 ・行うことができる観察，実験には制約がある。 ・授業に必要なものはすべて運ばなければならない。

第6章 学習環境づくり

理科室は観察，実験の環境は整っていますし，ICTの活用に関しては，事情が許せば，教科の特性を生かしたセッティングをあらかじめ整えておくことも可能です。生徒に実物を見せたければ，すぐに見せることも可能で，多くのものを授業ごとに持ち運ぶ必要がありません。

　ただし，理科室では生徒同士の距離が近くなり，対面形式になっている場合も少なくありません。観察，実験などのグループワークでは好都合ですが，集中して説明や発表を聞かせたい場面では，集中力が散漫になりがちなので，指導に工夫が必要です。また，理科室には様々な器具や薬品が存在しており，不用意に触ると危険なものが少なくありません。

　したがって，理科室を使うにあたっては，理科室における話の聞き方や，安全上のルールを確認し，日頃から指導を徹底しておく必要があります。例えば，**話を聞く際は机上の道具や器具などから手を離し，話をしている人の方に体を向けることを習慣化する**ことなどがあります。また，理科室内を走ったりふざけたりしないこと，理科室内の器具や薬品に勝手に手を触れないこと，安定した姿勢でいすに座ること，危険が伴う観察，実験では起立した状態で作業を行うことなどがあります。

　理科室で授業を行うことには，このように教室以上に気を遣うことがたくさんありますが，それを上回る意義があります。

理科室の机の配置と授業づくり

1 いろいろな理科室

学校によって理科室の机といすの配置は様々です。一番上のような理科室では、班員が横並びで、全員が正面を向いている形になります。真ん中の理科室では、班員が互いに向き合い、実験卓のすぐそばにガス栓や水道が設備されています。一般的に理科室というと、後者をイメージする人が多いかもしれません。

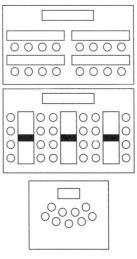

机といすの配置

2 理科室のタイプ❶

一番上のタイプの理科室では、班員が横並びになり、黒板と正対しているので、教師や発表者の話は聞きやすい配置です。ただし、班員が横並びなので、協力して観察、実

第6章 学習環境づくり

験を行う場合や，**相互のコミュニケーションが必要な場合，いすを移動させて，あえて対面形式にする手もあります。**

3 理科室のタイプ❷

　前ページの図の真ん中のような理科室では，班の生徒が互いに向き合っているので，協力して観察，実験を行ったり，互いにコミュニケーションをとったりするのには便利です。水道やガス栓が机ごとに設備されている場合が多いので，火気や水を必要とする観察，実験をともなう授業に向いています。ただし，生徒が対面しているので，気を許すと注意が散漫になりがちです。**大切な説明はきちんと体を教員の方へ向けて話を聴かせるなど，メリハリのある指導が必要**です。

4 演示実験のときの配置

　演示実験では，教師が生徒と相互にコミュニケーションをとりながら，事象をしっかりと見せることが重要です。したがって，基本の配置にこだわらず，前ページの一番下の図のように，**いすとともに生徒を前方に移動させる**とよいでしょう。ただし，危険がともなう実験では適切な距離をとり，安全を確保することも忘れてはいけません。

教室の机の配置と授業づくり

1 いろいろな机の配置

一番上の図のように,個々の机が黒板と正対して整然と並んでいるのが一般的な教室の様子ですが,教室はいすと机が固定されていないので,授業のねらいによって自由に配置を変えることができます。例えば,真ん中の図のように,机を向かい合わせにして班をつくることもできますし,一番下の図のように,コの字型にすることもできます。

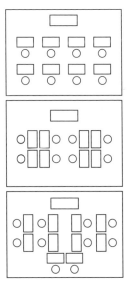

机といすの配置

2 教室の机の配置❶

一番上の図のように,個々の机が黒板と正対し,整然と並んでいる配置は,教師の説明や生徒の発表などをじっく

りと聞かせたり，板書を中心に授業を展開したり，一人ひとりにじっくりと考えさせたい場合に有効です。また，小テストなどを公正に行う場合にも適していると言えるでしょう。ただし，**班や学級単位の話し合いではコミュニケーションが生まれにくいので，場面に応じて机の配置を変えることが必要**です。

3 教室の机の配置❷

班単位で話し合いをさせたり，簡単な観察，実験や実習をさせたりする場合は前ページの真ん中の図の配置が有効です。**最初に班を組ませるときに，班のメンバー，机の位置，話し合うときの役割分担，話し合うときのルールを確認**し，最初の数回はていねいに指導しておくと，パターンとして定着し，以後の授業運営が円滑になります。

4 教室の机の配置❸

学級全体で互いの発言を共有したり，話し合いをしたりする場面では，前ページの一番下の図の配置が有効です。友だちの顔を見ながら，互いに発言をすることができます。小学校の授業ではよく見かける光景です。

生徒の注意が散漫にならないよう，**論点を明らかにしながら授業を進めたい**ものです。

屋外における活動

1 教室を出る活動の意義

　理科の授業は観察，実験を中心に展開されますが，地質や天体のように長大な時間や空間を対象とする学習や，動物や植物の生態のように実際に生活している空間を対象とする学習では，学習内容が理科室には収まらなくなります。物理や化学の実験でも，規模が大きく野外で行うのに適したものがあります。ときには理科室を出て，学校の敷地内で観察をしたり，校庭で実験を行ったり，校外に出かけて観察したりすることも，学習効果を高めます。

2 屋外に出る場合の注意点

安全の確保

　屋外に出る活動では，特に安全に対する配慮が必要です。除草剤はまかれていないか，チャドクガの被害はないか，側溝のフタがしっかり閉まっているか，危険な突起物がないかなど，配慮すべき点は多々あります。**実際に生徒目線でじっくりと歩いてみる**ことをおすすめします。

他の教師や他の授業との調整

　屋外で活動する場合は、教職員の打ち合わせなどで概要を伝えておくとよいでしょう。**授業中、生徒を屋外で不用意に移動させると、生活指導上の問題となる**こともあります。また、校庭で保健体育の授業が行われている場合などは、その妨げになることがないような授業計画と指導を心がけたいものです。

実際に観察、実験が可能か

　校庭で花の咲く植物を観察しようとしたら、用務員さんが草むしりをした直後であったり、音の速さを測定しようとしたら工事中で十分な距離を確保できなかったりと、**やってみるとうまくいかないことはあるもの**です。また、屋外は座席がないので、説明するときの生徒の隊形や活動するときの動きを想定しておくことも大切です。事前に管理職や事務室、用務員室に必要事項を確認したり、実際に予備実験等を行い、屋外ならではの問題点の把握と対策をしておきましょう。

雨天の場合のメニュー

　雨天の場合は授業計画の変更が迫られるので、雨天の場合も想定して授業計画を練っておく必要があります。**学習をふり返る課題を用意しておいたり、次の単元に進んだりと、いろいろな対策が考えられる**わけですが、当日になって慌てることがないようにしたいものです。

Chapter 7

第7章
板書とノート，ワークシート

板書とノートの役割

1 板書とノート

　明治5年の学制開始と同時に，アメリカからブラックボード（黒板）が持ち込まれ，以来，長きにわたって教室の中央に板書が鎮座しています。古くは，黒板を向いた生徒に対して教師が講義し，重要な点を黒板にまとめ，生徒はその板書をノートに写すという授業が一般的でした。それに対し，昨今では様々な資質・能力の育成が求められるようになり，主体的，協働的な学びが重視されています。そのため，生徒の学習活動も多様になりました。**板書とノートが単なる知識の伝達とまとめの役割だけを担うものではなくなった**と言えます。

　黒板は授業における学習内容を共有する場，ノートは個々の生徒の学習の履歴を残していく場であり，板書とノートを切り離して考えることはできません。

　中学生はある面では非常にまじめなので，板書に書かれたことは忠実にノートに再現しようとします。板書を書く際は，書いた内容がどのように生徒のノートに反映されていくのかを意識しながら板書計画を立てたいものです。

2 様々な授業場面と板書, ノートの役割

先に触れたように, 板書は単なる知識のまとめだけを担っているのではなく, 学習内容を共有する役割を果たしています。したがって, 授業が終了したときに黒板を見ると, 1時間の学習内容を概観できるものになっているはずであり, ノートには個々の生徒が1時間で学習した履歴が残っているはずです。ここでは, 様々な授業場面で, 板書とノートの役割を考えてみます。

導入の場面

生徒の疑問を誘発するような自然事象や話題を提示し, 具体的な課題を提示します。ときには, **課題に対する生徒の予想を記述させることも大切**です。その場合には板書で予想欄を示し, ノートへの記述を促します。ときには, 観察, 実験の計画を考えさせることもあるでしょう。こうした場面を設定することは, 生徒の目的意識を明確にし, 学習へのモチベーションも高めます。

観察, 実験の場面

導入で提示した課題を解決するために, 観察, 実験を行います。板書では観察, 実験の目的を示し, 方法を確認します。ノートに書きやすいように, **方法の板書は模式化した図と短文で構成し, 細かい指示は口頭で補足**します。

観察，実験の結果と考察を記述する場面

　実験の結果と考察を板書で示し，生徒にもノートに結果や考察を記述することを促します。観察，実験の内容によっては，**結果を書き込む枠組みや考察の視点をあらかじめ示しておきます**。

学習内容をまとめる場面

　結果や考察の記述内容には個々の生徒によってばらつきが生まれます。より確実な定着を図るためには，模範的な結果や考察を参考例として板書しておくことも大切です。また，観察，実験から導かれることと，学習のまとめは必ずしも一致しません。両者は区別して板書します。見過ごされがちなことですが，**重要用語はその定義を板書し，ノートに書き取らせることが重要**です。

学習したことを活用，応用する場面

　学習したことの成果を活用して考えさせる課題を投げかけ，**思考し表現する場を板書の中で示します**。生徒には，それまでに学習した事柄を基に，自分の考えをノートに記述させます。

　また，日常生活や社会で学習した事柄が応用されている例を取り上げ，模式的な図と短文で板書し，具体的にどのような点で応用されているのか，生徒の考えをノートに記述させます。

板書とノートの実際

事例 酸化と還元（2年）

1 導入の場面

「私たちは様々な金属を利用して生活していますが，多くの金属は化合物の状態で地球に埋まっています。例えば，鉱物の中に酸化銅が含まれていた場合，あなたならどのようにして銅を取り出しますか？」と問いかけます。

```
○月○日　　　←日付があるとふり返りに便利です
金属の利用　←タイトル
 課題　酸化銅から銅をとり出すには，どうしたらよいか 
〈自分の考え〉　　　　　　　　　　　　↑課題を明示します
↑自分の考えを書かせます
〈その他の考え〉
↑自分の考えとは異なる考えも記録させます
```

これまでの学習を基にすると，酸化銅を熱分解させる考えと別の物質に酸素をうばわせる考えが出ます。考えが出てこない場合は，化学式やモデルを示し，どうしたら単体の銅を得られるかを強調するとよいでしょう。熱分解が難しいことは演示実験などで示し，別の物質に酸素をうばわせる考えに着目させます。別の物質の候補となる炭素は，教師の方から示してもよいでしょう。

2 観察,実験の場面

ここでは,「酸化銅と炭素から銅ができるか」ということを確かめることが実験の目的になります。板書でも明示します。さらに,銅であることはどのようにしたらわかるか,銅以外にどんな物質ができるかを問いかければ,一つひとつの操作に見通しをもつことができます。

実験方法の板書はコンパクトにまとめ,文字情報と視覚情報を組み合わせるようにします。詳細は口頭で補足します。ただし,重要な注意点は板書し,その背景については口頭で問いかけたり説明したりするなどして,それぞれの操作の意味を理解させます。

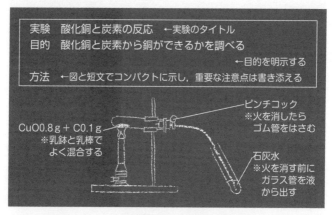

私の経験上では,**まず観察,実験の概要を大づかみに説明して理解させ,その後詳細な説明を付加していった方が生徒にはうまく情報が伝わります。**

3 観察，実験の結果と考察を記述する場面

```
結果                        反応前      反応後
 ・試験管内の物質の色
 ・石灰水の変化
 ・その他に気づいたこと
考察
 ・酸化銅から銅を取り出せたか
 ・その他に考えたこと
```

結果は事実を記録させるように指導します。**板書では結果を書くべき項目を示しておく**とよいでしょう。

考察では事実を基に結論を導き，根拠を明らかにします。以下は考察の模範的な記述例です。

> 赤茶色の物質が生成し，石灰水が白くにごったことから，銅を取り出せたと考えました。その理由は生成した物質の色が銅に似ているからです。また，石灰水の色の変化から二酸化炭素が発生したことがわかり，炭素が酸化銅の酸素を奪ったと考えられるからです。

「その他に気づいたこと」「その他に考えたこと」などの欄を設けておくと，生徒の素朴な気づきや疑問が浮き彫りになり，その後の授業展開に生かせます。教師が想定した授業の流れに固執すると，生徒の姿を見失いがちです。**教師が意図したこと以外にも生徒は様々なことを考えるものなので，それらを見とり，生かすことは大切**です。

4 学習内容をまとめる場面

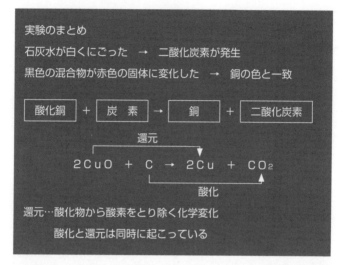

思考力，表現力を育成するためには，まず生徒自身が結果と考察を記述することが大切ですが，**個々の生徒の記述にはばらつきがあるので，結果と考察のポイントは全体で押さえます。**上の板書例でも，簡単に実験の概要をふり返っています。その後，酸化銅と炭素が反応して銅と二酸化炭素が生成したことをまとめています。時間が許せば，化学反応式をすぐに板書せず，生徒自身に考えさせる課題として提示することも効果的です。「還元」のような新出の重要な用語については，理解の定着を図るために，ていねいに板書し，ノートに記録させます。

5 学習したことを活用，応用する場面

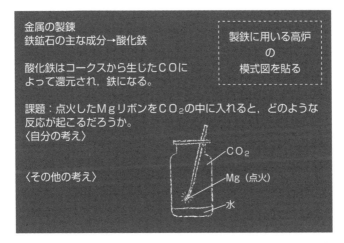

金属の製錬
鉄鉱石の主な成分→酸化鉄

製鉄に用いる高炉の模式図を貼る

酸化鉄はコークスから生じたCOによって還元され，鉄になる。

課題：点火したMgリボンをCO_2の中に入れると，どのような反応が起こるだろうか。
〈自分の考え〉

〈その他の考え〉

CO_2
Mg（点火）
水

　金属酸化物の還元は金属の製錬に通じます。鉄鉱石の主な成分は酸化鉄であり，製鉄所では酸化鉄と石炭を蒸し焼きにしたコークスを高炉の中に入れて加熱します。発生したCOによって酸化鉄は還元され，単体の鉄を得ることができます。板書にあたっては，**複雑な絵を黒板に再現することには時間と手間がかかるので，資料プリントを用意し，生徒に貼らせれば十分**です。金属の製錬の原理は，日常生活や社会とのかかわりを考えるうえで，ぜひ取り上げたいテーマの1つです。

　一方，別の物質を用いて類似の反応を経験させることも大切です。マグネシウムを空気中で点火し，もし点火したマグネシウムを二酸化炭素中に入れて反応させるとしたら，

どのような物質ができるかを予想させます。すでに酸化銅と炭素の酸化還元反応を学習しているので，原子の組み合わせに注目させれば，酸化マグネシウムと炭素が生成することを予想するのは可能です。生徒の考えがまとまったら実際に実験を行いながら実証します。この反応では白色の物質ができ，マグネシウムリボンの表面には黒色の物質ができます。このとき，以下のような反応が起こると考えられます。

$$CO_2 + 2Mg \rightarrow C + 2MgO$$

生成物を確かめるには時間的な制約もありますが，MgおよびMgOは薄い塩酸に溶けるので，生成物を塩酸に入れると黒色の固体が水溶液中に残ります。これが生成した炭素と言えます。

このように，二酸化炭素とマグネシウムの酸化還元反応は二酸化炭素中で物質が燃えるという意外性もあり，生徒の興味関心を引きつける実験の1つです。また，登場する原子が一般的で既出のものばかりなので，これまで学習した酸化還元反応の知識を活用して結果を予想することが可能です。さらに，実験を通して自分が予想したことを他の化学変化に適用するよいチャンスとなります。

このように，学習したことを応用したり発展させたりする内容を設定することで，学習したことの意義や有用感を実感させることが可能です。この他にも，学んだことを使った演習を行うことも考えられます。

ワークシート

1 ワークシートを使用する場面

　ワークシートを使用するかどうかは，個々の教師の判断に委ねられます。板書とノートを中心に授業を展開していく教師がいれば，授業ごとにワークシートを作成し，それらを学習の履歴として綴じながら授業を展開していく教師もいます。ワークシートを使用する場面は，「課題を予想したり，観察，実験を計画する場面」「観察，実験の結果を分析して解釈する場面」「既知の原理や法則を活用して課題について思考し表現する場面」「知識の定着を図る場面」が考えられますが，**考えようによっては，いずれの場面もノートで対応することが可能**です。

2 ワークシートの長所と短所

　ワークシートにはあらかじめ活動の骨格が示されているので，**生徒への指示が容易で，記述内容や要する時間において，生徒個々の進度差が生じにくい**という長所があります。また，ノートに比べるとワークシートは授業の最後に

手軽に回収することができるので、授業の成果と課題を容易に評価することが可能です。

一方、ワークシートはあらかじめ学習の骨格が示されていることで、**工夫をしないと、授業が誘導的になりやすく、授業の途中での修正が難しくなります**。また、常に教師が用意した枠組みの中に書き込むだけの学習に慣れてしまうと、自分自身でノートづくりをするという生徒の意識が希薄になってしまいます。また、ワークシートは散逸しやすく、整理整頓が苦手な生徒には注意が必要です。ワークシートを用いる場合でも、できれば返却されたワークシートはノートの該当部分に貼り付け、一連の流れの中で学習をふり返ることができるようにしたいものです。

3 ワークシートを使用するにあたって

ワークシートを使用するにあたっては、その必要性を吟味するとともに、授業の展開に適合するように、綿密につくり込む必要があります。教育実習生への指導で、時折**「あなたが生徒だったら、自分が作成したこのワークシートに何を書きますか？」**と問いかけることがあります。自分が作成したワークシートにもかかわらず自分で記述しようとすると、なかなか筆が進まない学生が少なくありません。このことは、授業の展開について、細部の検討が甘いことを示しています。安易にワークシートをつくるのではなく、そのねらいをじっくりと考えたいものです。

Chapter 8

第8章
評価とその方法

評価とは

1 評価の目的

評価の目的は，個々の生徒の学習状況を的確に把握し，指導の改善に生かすことであり，生徒の立場から見れば，自身の学習の改善に生かすことになります。評価を機能の面から分類すると，以下のようになります。

> **診断的評価**
> 　指導前に実施し，生徒の学力などを評価。指導計画に生かすことができる。
>
> **形成的評価**
> 　指導途中に実施し，それまでの指導内容について，生徒が身につけた学力の程度を評価。指導計画の変更や補充的な指導に生かすことができる。
>
> **総括的評価**
> 　指導後に実施し，指導した内容について，生徒が身につけた学力の程度を評価。成績をつける際の主な材料になり，指導の改善に生かすこともできる。

2 相対評価から絶対評価へ転換した背景

 教育課程審議会の最終答申「児童生徒の学習と教育課程の実施状況の評価の在り方について」が2000年に提出されました。そこでは，指導要録の評定について，以下のように相対評価から絶対評価へ転換することが示されました。

> 学習指導要領に示す基礎的・基本的な内容の確実な習得を図るなどの観点から，学習指導要領に示す目標を実現しているかどうかの評価を重視し，現在いわゆる絶対評価を加味した相対評価をすることとされている各教科の評定を，目標に準拠した評価（いわゆる絶対評価）に改めること

 これを受けて，2001年に改訂された指導要録では，**「観点別学習状況」と「評定」を絶対評価で行う**ことになりました。

3 観点別学習状況の評価と評定

学力の3要素と理科の評価の観点

 学校教育法の一部が平成19年に改正され，「生涯にわたり学習する基盤が培われるよう，基礎的な知識及び技能を習得させるとともに，これらを活用して課題を解決するた

めに必要な思考力，判断力，表現力その他の能力をはぐくみ，主体的に学習に取り組む態度を養うことに，特に意を用いなければならない」という，いわゆる「学力の3要素」が示されました。

整理して示すと，以下の3点です。

```
1  基礎的・基本的な知識及び技能
2  思考力，判断力，表現力その他の能力
3  主体的に学習に取り組む態度
```

理科では，上記の3要素と教科の特性をふまえ，以下のような4つの観点を設定しています。

```
1  自然事象への関心・意欲・態度
2  科学的な思考・表現
3  観察・実験の技能
4  自然事象についての知識・理解
```

生徒の観点別学習状況については，達成状況を4つの観点についてそれぞれ評価し，次のように区分します。

```
A  「十分に満足できる」状況と判断されるもの
B  「おおむね満足できる」状況と判断されるもの
C  「努力を要する」状況と判断されるもの
```

さらに、評定については、学習指導要領に示す理科の目標に照らして、その実現状況を総括的に評価し、次のように区分します。

> 5 「十分に満足できるもののうち、特に程度が高い」状況と判断されるもの
> 4 「十分満足できる」状況と判断されるもの
> 3 「おおむね満足できる」状況と判断されるもの
> 2 「努力を要する」状況と判断されるもの
> 1 「一層努力を要する」状況と判断されるもの

評価規準の設定と評価基準

目標に準拠した評価を着実に実施するためには、**領域や内容項目レベルの学習指導のねらいの明確化が必要**です。例えば、3年「仕事の原理」の学習指導のねらいは、次のように考えることができます。

> 1 仕事の量に関心をもたせる。
> 2 仕事の量を求める技能を習得させる。
> 3 実験を通して、仕事の原理を見いださせる。
> 4 仕事の原理を理解させる。

生徒を評価するためには、ここで示した学習指導のねらいが実現された場合に、生徒の学習状況がどのような状態

になっているのか、具体的に想定されていなければなりません。このような状況を具体的に示したものが評価規準です。

> 1 道具を使ったときの仕事の量に関心をもたせる。
> 　　　　　　　　　　　　　　　　　（関心・意欲・態度）
> 2 力の大きさと糸を引く距離を測定・記録させ、仕事の量を求める技能を習得させる。　　　（技能）
> 3 道具を使っても使わなくても仕事の量は変わらないことを見いださせる。　　　　　（思考・表現）
> 4 道具を使っても使わなくても仕事の量は変わらないことを理解している。　　　　　（知識・理解）

さらに、身につけたい力の習得状況を記録するためには、習得の程度を明示する指標（評価基準）が必要です。記号（A・B・C）だけではなく、程度を具体的に示すために、文章を併記します。

上記の評価規準の4について、具体的な評価基準を示すと、例えば、以下のようになります。

> A 道具を使っても使わなくても仕事の量が変わらないことを数式と関連付けて理解している。
> B 道具を使っても使わなくても仕事の量が変わらないことを、理解している。

評価規準と評価基準は似ている言葉ですが,指している対象が異なることは理解しておきましょう。

4 「評価のための評価」にならないために

観点別学習状況評価の導入直後は,教師が生徒の記録に奔走するあまり,本来の教科指導がおろそかになるという弊害を生みました。指導に生かしてこその評価ですから,これでは本末転倒です。「評価のための評価」にならないように注意したいものです。

1つの授業で4観点すべてを評価する必要はありません。**個々の授業でどの観点に重点を置くかを明らかにし,単元を通して多様な観点について評価できればよいのです。**

また,一般に個々の評価資料を集積したものを学期末や学年末の総括的な評価として活用しますが,必ずしもすべての評価資料を総括する必要はありません。本来,習得の過程では,指導に生かすことに重点を置いた評価であるべきですし,習得したことが見込まれる場面では,記録に残すことに重点を置いた評価がふさわしいのです。なかなか理想通りにはいきませんが,**指導に生かす評価と記録に残す評価を意識することで,評価にかける手間と時間を学習指導に傾けることができますし,達成状況を見とるという本来の趣旨にも合致します。**

多様な評価方法とその実際

1 多様な評価の手法

　ひと昔前は，評価の手法といえば定期考査などのペーパーテストの結果が中心でした。多様な資質・能力を評価することが重視されるにしがたって，知識・理解をみることが中心の問題だけでなく，技能や思考力・表現力をみるための問題も見られるようになってきました。ただ，定期考査のようなペーパーテストで評価できる資質・能力には限界があり，できるだけ多様な評価方法で生徒の学習の達成状況を把握することが求められています。

　評価の方法は多岐にわたりますが，ここではよく用いられる評価方法を紹介し，その特徴について考えます。

2 ペーパーテスト

　一般的に広く用いられている評価方法で，客観的に学習の達成状況を把握しやすい方法です。定期考査をはじめ，普段の授業の中で行う小テストなどもこれに含まれます。

　定期考査は，古くは知識・理解の問題が中心でしたが，

昨今では観点を意識した問題づくりが求められています。

小テストについては，私の場合，元素記号や化学式，動植物の各部の名称などを問うテストを行います。汎用性が高く，当該の知識を定着させることでその後の学習への効果が期待される場合です。知識の定着がねらいですから，**できれば放課後などに再テストの機会を保障し，達成された状況で評価をしてあげたい**ものです。時間がかかりながらもまじめに取り組む生徒を救済することになるからです。

3 レポートやノート

レポートでは，実験の計画を立てる場面や，実験結果を分析して解釈する場面，原理や法則を用いて事象を説明する場面など，**多様な観点で評価することが可能**です。例えば，以下のようなものが考えられます。

1　課題に対して，適切な実験計画を立てているか。
2　結果を適切に記録しているか。
3　結果を基に根拠をもって結論を導いているか。
4　原理や法則を適用し適切に事象を説明しているか。

ノート指導が中心の場合は，ノートを提出させて評価を行うことができます。ただし，ノートは日常的に授業と家庭学習で活用するので，長く教師の手元に置いておけません。その点をふまえて提出させましょう。

4 パフォーマンス・テスト

具体的な作業や動作で応答を求める動作性検査のことです。私は回路の組み方,電流計や電圧計の使い方,ガスバーナーの使い方などでこの評価方法を使います。生徒には評価する観点を伝えておき,テスト後に達成状況を知らせます。できれば再テストの機会を設け,その状況で評価します。根拠となる評価資料が残しにくいという問題がありますが,**画像や動画として記録を残すことも考えられます。**

5 行動観察

生徒の行動を観察することで学習状況を判断し,その状況に応じて指導を施すのが行動観察です。授業を行う際,机の間を回りながら指導を行いますが,これはまさに行動観察による評価と指導を行っているわけです。そう考えると,日常的で重要な評価法と言えます。ただし,記録に残すための評価ととらえると,**客観性や信頼性という点で工夫が必要**です。例えば,以下のような点に注意が必要です。

1　生徒の日頃の印象に左右されていないか。
2　長期的に生徒を観察し判断しているか。
3　何を観察するかを明確にしているか。

---

6 新場面テスト

　単元末にどのような資質・能力が身についたかを評価するためには、本来は経験したことがない課題に直面させ、その課題をどのように解決していくのか、その過程を記録する必要があります。このように、新しい問題場面を設定して問題解決にあたる様子を評価する方法を新場面テストと呼びます。問題場面の設定にあたっては、**新しい場面でありながら、類似した内容を単元で学習しており、学習した知識や技能、考え方を活用できることが望まれます**。また、あらかじめ、評価の観点、評価規準、評価基準の枠組みをつくっておく必要があります。資質・能力を総合的に評価する方法として優れていますが、それにふさわしい新場面の設定と評価の枠組みづくりが大きな課題です。

7 観点別学習状況の総括と評定

　観点別学習状況の記録を残し、個々の判断の根拠がわかるようにします。説明責任を果たすだけでなく、生徒や保護者からどのように学習を改善したらよいか相談を受けたときの大切な資料にもなります。個々の記録を集約し、A、B、Cの判断をします。**合計する際は、ときには重要度から個々の評価資料の重みづけをすることも必要**です。さらに、4つの観点を総括し、評定を判断します。

第8章　評価とその方法

評価と高校入試

　評価の本来の目的は教師の指導の改善,生徒の学習の改善ですが,ほとんどの高校で入試の合否判定資料として評定(いわゆる内申点)を活用しています。当日の得点だけでなく日頃の成果も合わせて合否を判定するという趣旨には合理的な面もありますが,合否に直結することから,生徒や保護者が評定に過敏になりがちで,トラブルも少なくありません。こうした背景をふまえ,以下のような点はぜひ注意しておきたいものです。

1　評価本来の目的を日頃から説明し,啓蒙を図る。
2　教員間で評価の考え方を共有しておく。
3　評価基準と総括の過程を明確にしておく。
4　公正,公平な評価に努める。
5　評価資料に誤りがないか,入念にチェックする。

　絶対評価への移行後は,**評定の学校間格差も話題になっています**。塾などを通して,地域の学校の情報は共有されているので,どこの学校は厳しい,どこの学校は甘い…といった会話が普通に交わされています。絶対評価の抱える課題です。

Chapter 9

第9章
定期考査の問題づくり

目標に即した問題づくり

1 授業と定期考査の内容は連動している

　授業で学習したことがどれだけ身についているか，その達成状況をみるのが定期考査です。問題作成にあたっては，自分自身がどのようなねらいで授業を行い，どのような力を身につけさせたかったのかを改めてふり返ります。限られた紙面を用いての出題になるので，定期考査でどんな力を見とるか，その優先順位を決め，問題に反映させます。教科書の指導書や市販の問題集，先輩教員の過去問などを参考にすることは大いに結構ですが，**最後は自分自身が行った授業内容を基に加筆や修正をしていかないと，授業を受けた生徒にとっての良問にはなりません。**

2 問題づくりを進める手順

　問題づくりを進める手順は人それぞれだと思うので，いろいろな人の問題づくりを参考に，自分にとってよい方法を見つけていくとよいでしょう。
　私の場合，試験範囲に該当する自分の授業を思い出す中

で，生徒に身につけて欲しいと思う内容を洗い出し，その内容に関する問題をとにかくPCで粗く打ちます。その際は，細かい表現の是非は気にせず，とにかく問題づくりを前に進めます。こうすることで，定期考査の問題の全体像をつかむことができます。

この段階で，**必要な評価の観点が入っているか，問題の量や配点は適切か**，などを確認しておきます。問題の量が多すぎる場合は優先順位を決めて一部を削除し，少ない場合は優先度の高い問題を加筆します。ここまで終わらせておくと，問題づくりもひと山越えた感があります。

さて，いよいよ粗く作成した問題を一つひとつ入念にチェックします。私は，次のような点を意識していきます。

授業のねらいと問題の意図が一致しているか

改めて冷静に読み直してみると，自分が授業でねらいとしていたことと問題の内容にずれがあることに気づくことがあります。**表現方法を少し変えるだけで，見違える問題になるもの**です。

適切に生徒の力を見とることができる問題か

前項と関連しますが，生徒の解答を想定し，本当に自分がみたい生徒の力を見とることができる問題になっているかどうかを確認します。**思考力を問うつもりが，結局，単なる知識を問う問題になっている，などということはよくある話**です。

題意が中学生にも伝わる表現になっているか

できるだけ平易な表現に置き換え，学力に幅がある生徒たちに，平等に題意が伝わるような工夫をします。読解力は大切ですが，**理科の学力を見とる前に，問題文の読解でつまずかせていたのでは，本末転倒**です。

複数の解釈を生む問題になっていないか

冷静に問題を読み込んでいくと，複数の解釈が生まれる場合があります。できるだけ曖昧さを回避し，題意に沿った解答が得られるように工夫したいものです。このあたりのつめが甘いと，**出題者の意図から外れた解答でも，仕方なく○をつけざるを得なくなります。**

問題を解くための前提条件が抜けていないか

授業で行ったことを基に出題するので，様々な前提条件をつい省略して出題してしまうことがありますが，授業を受けていない立場で読むと，問題を解くための条件が十分に示されていないことがあります。生徒の苦情に対して，最後は「授業で教えた通りに決まっているだろう」などと押し切ってしまう場合もあるかもしれませんが，できるだけ問題の中で解消しておきたいものです。例えば，**「滑車の重さは含めないものとします」「銅は十分に加熱したものとします」「日本付近で観察したものとします」**といったことなどが考えられます。

生徒の解答を想定することができるか

　問題を読み返し，実際に自分で解答してみます。生徒がどのような解答を記述するかを想定しておきます。**自分で解答ができない問題や，生徒の解答を想定できない問題は，問題のつくり込みが甘い**ということになります。

想定した生徒の解答に対する採点基準が明確か

　想定した生徒の解答に対して，どのような基準で採点するのかを検討しておきます。**記述内容によっては部分点を与え，生徒の学習の成果をできる限り拾い上げる**ことを考えましょう。

必要な図が用意されているか

　文字情報とともに，視覚情報も大切です。特に，題意を理解させ，曖昧さを回避するためにも，適切に図を活用したいものです。教科書の指導書の付録で図版は自由に使えるものがあるので，それらを活用するのも1つの方法です。図版はできるだけデジタルデータとして保存し，蓄積しておくと，その後のプリントづくりや問題づくりで重宝し，校務の時間短縮にもつながります。

　私はパワーポイントなどで図を自作することが多くなりました。**汎用性の高い図を保存しておくと，いろいろな場面で修正して使用することができる**ので重宝しています。著作権という点でも安心です。

選択肢は生徒の実態を知るのに適切な内容か

 選択肢は，正解さえ入っていれば，あとは適当でよいというものでもありません。考えようによっては正解になるような曖昧な選択肢には注意が必要です。また，選択肢を設定するにあたっては，**生徒が誤解しやすい内容をあえて設定しておけば，誤答分析を行うことによって，生徒の実態を知る手がかりにもなります。**

解答方法が明確に示されているか

 解答方法が不明確で，採点するときに困ることがあります。例えば「生成した物質は何ですか？」と問えばいろいろな解答方法がありますが，「物質名を書きなさい」「化学式を書きなさい」「適切なものを次のア〜エより選び記号で答えなさい」と明確に問えば，解答は限定されます。この他にも「誤っている点とそのようにしてはいけない理由を説明しなさい」「句読点も含めて20字以内で説明しなさい」「実験の方法と結果を書きなさい」など，**文末の表現をちょっと工夫するだけで，解答するときの混乱を回避することができます。**

難易度は適切か

 絶対評価では，難解な問題ばかりでは生徒の達成状況は相対的に低く見積もられますし，やさしすぎる問題ばかりでも，生徒の実態を適切に表す評価資料にはなりません。難易度という観点から改めて問題をふり返り，学習指導要

領に示されている内容の達成状況をみるのにふさわしいレベルであるかどうかを点検したいものです。問題文に少しはしごをかけるだけでも，難易度は大きく変わります。

公立中学校の場合，学力の格差が大きい学校も少なくありませんが，成績が下位でも，何とか勉強をがんばろうとしている生徒がたくさんいます。そうした生徒が得点できる問題を設定しておくことも大切です。問題が解けることで自信をつけることができるからです。特に，**しっかり定着させたい内容については，出題内容を予告し，練習させておくのも1つの方法**です。まじめな生徒はしっかり準備をしてくるので，定着が期待できます。

問題の構成は適切か

大問において，問1の解答を使って問2を解答し，その解答を使って問3を解答する…という構成になっている問題を見かけることがありますが，問1でつまずいた生徒にとっては，大幅な失点の可能性があり，はたしてその生徒の学力を正確に見とることができるのかという疑問が残ります。それぞれの**個別の問題で必要な学力をみるような問題構成を心がけたい**ものです。

解答用紙の欄の数と大きさは適切か

最後に，生徒と同様に問題を解き，解答用紙に解答を書き込みます。解答欄に問題がないか，**欄の数と大きさを確認します**。

問題づくりの実際

1 作図によって法則を適用できるかを問う問題

> 下図のように,水平な床の上で質量200gの荷物が静止している。荷物にはたらく2力を矢印で表しなさい。質量100gの物体にはたらく重力の大きさを1Nとし,力を矢印で表す場合は,1Nを1cmで表すものとする。

この問題は,2力のつり合いの条件を実際の場面に適用し,矢印で表すことができるかを問う問題です。水平な床の上であること,荷物が静止していることなど,必要な状況を説明し,解答するために必要な重力の大きさや矢印の長さの基準を示しています。

このような,定規などを使用する問題では,事前に必要なものを持参する指示をていねいに行っておきます。また,**採点する際は透明なシート(OHPシートなど)に模範解答を印刷しておき,重ねて採点すると便利**です。

2 重要な法則を深く理解しているかを問う問題

右図のように,酸素を満たした丸底フラスコ内にスチールウールをはさんだ電極を入れ,密閉した容器内で電流を流したところ,スチールウールが燃焼した。反応前,実験装置全体の質量を測定したところW_1 gを示した。反応後,同様に装置全体の質量を測定したところ,W_2 gを示した。さらに,ピンチコックをゆるめてゴム管を開き,装置全体の質量を測定したところW_3 gを示した。

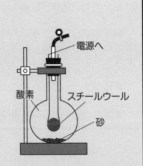

以下の問いに答えなさい。

問1 W_1とW_2の大小関係を示したものとして適切なものを下のア〜ウより選び,記号で答えなさい。
 ア $W_1>W_2$ イ $W_1=W_2$ ウ $W_1<W_2$

問2 W_2とW_3の大小関係を示したものとして適切なものを下のア〜ウより選び,記号で答えなさい。
 ア $W_2>W_3$ イ $W_2=W_3$ ウ $W_2<W_3$

この問題は,質量保存の法則と密閉容器内のスチールウールの反応とを関連づけ,反応前後で反応にかかわった物質全体の質量が変化しないことや,気体の出入りによって質量が変化することを理解できているかどうかを問う問題です。選択肢の問題ですが,**化学変化の前後における質量変化について段階的に問うことで,理解の程度とつまずきを見とることができます。**

3 基本的な知識を問う問題

> 以下の文章は原子の構造について説明したものである。
>
> 原子は中心に原子核があり，そのまわりにマイナスの電気を帯びた粒子である a が存在している。原子核は主にプラスの電気を帯びた粒子 b と電気を帯びていない粒子 c からできている。aはb，cに比べるときわめて質量が小さいので，原子の質量のほとんどはb，cの質量の合計によると考えてよい。
>
> 空欄a～cにあてはまる粒子の名称を書きなさい。

この問題は原子を構成している粒子の名称を知っているかどうかを問う問題です。このような重要な用語については，しっかりと覚えさせ，書くことができるようにしておきたいものです。**あらかじめ出題する可能性があることを示唆しておけば，まじめに準備をした生徒は確実に得点することが可能な問題**であり，知識も定着します。

> 液体が電流を通すか通さないかを調べる実験を行った。下のア～カのうち電流を通さないものをすべて選び，記号で答えなさい。
> ア 蒸留水　　イ 食塩水　　ウ 砂糖水　　エ 塩酸
> オ 水酸化ナトリウム水溶液　　カ エタノール

この問題はどのような液体が電流を通すのかを理解しているかどうかを問う問題です。かんたんな知識の定着をみる問題ですが，**蒸留水，砂糖水，エタノールを選択肢に入れておくことで，理解の程度を知ることができます。**「すべて選び」としていますが，部分点の設定も可能です。

4 実験結果と資料を基に，分析，解釈する問題

> 未知のプラスチック片A～Cが何であるかを調べたい。A～Cの物質名はわかっていないが，ポリプロピレン（PP），ポリスチレン（PS），ポリエチレンテレフタラート（PET）のいずれかであることがわかっている。そこで，2種類の液体（飽和食塩水，水）を用いて浮き沈みを調べたところ，3つのプラスチックを区別することができた。以下の実験結果と参考データをもとに，A～Cの物質名を判断し，アルファベットの略称を書きなさい。また，そのように判断した理由を書きなさい。
>
> | | 水 | 飽和食塩水 |
> |---|---|---|
> | A | 沈んだ | 浮いた |
> | B | 沈んだ | 沈んだ |
> | C | 浮いた | 浮いた |
>
> | | 密度（g／cm³） |
> |---|---|
> | PP | 0.90～0.91 |
> | PS | 1.05～1.07 |
> | PET | 1.38～1.40 |

　この問題はプラスチックを液体への浮き沈みによって区別し，資料を基に物質が何であるかをつきとめることができるかどうかを問う問題です。授業中の実験で経験していても，班の友だちに依存している生徒も多く，提出されたプリントができていても，その考え方が定着しているとは限りません。**実験結果と参考資料を基に分析して解釈する問題を設定すると，単なる知識だけでは対応できません。**液体と固体の密度の相対的な大小によって浮き沈みが決まっていることを理解し，そのきまりを具体的な場面に適用して考えることができるかどうかが試されます。

第9章　定期考査の問題づくり　119

5 日常生活との関連を問う問題

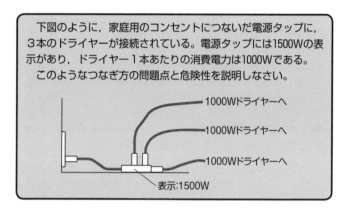

下図のように,家庭用のコンセントにつないだ電源タップに,3本のドライヤーが接続されている。電源タップには1500Wの表示があり,ドライヤー1本あたりの消費電力は1000Wである。
このようなつなぎ方の問題点と危険性を説明しなさい。

 この問題は,電源タップを使用するにあたり,表示された値以上の電力を消費するようなつなぎ方が問題であり,発熱による火災の危険性があることを理解しているかどうかを問う問題です。**学習した内容を日常生活で生かすことができるかという点も重視したいところ**です。

 限られた紙面でいくつかの事例を紹介しました。
 ペーパーテストで見とることができる学力は一部であることは認識しておく必要がありますが,工夫次第で問題の質は変わります。教師同士で問題を見せ合ったり,意見交換をし合ったりしながら,互いに作問の幅を広げていくことも大切です。

Chapter 10

第10章
理科室経営

理科室経営で目指すこと

1 理科室経営を語るにあたって

　私は整理整頓が得意ではありません。予備実験や準備はわくわくしながら取り組みますが，片づけとなると途端に気が重くなり，つい散らかしたままにしてしまいます。

　私は担任をもったときは，保護者面談の場所としてよく理科室を使用してきました。保護者の方は理科室でおなじみの木のいすに座りながら学生時代を懐かしがってくれます。しかし，担任している生徒から「『理科室が汚い』ってお母さんが言ってた」と笑顔で報告されたことがありました。子どもは正直です。これには参りましたが，なかなか改善できずにいます。そんな理科室を，あるお母さんが**「『理科室が汚い』ということは，それだけよく使っているということですよね」**とほめてくださったことがありました。これは，とてもうれしい言葉で，今でも心に残っています。だからといって，この言葉に甘えてはいけません。ここからは，自分自身を反面教師として，今まで出会ったよい事例を思い出しながら話を進めていきます。

2 理科室経営の視点

　教室移動で理科室に来た生徒の中には決まって「今日は何をやるんですか？」と尋ねる子がいます。その子は興味深そうに教卓の器具を眺め，これは何だと尋ねてきます。理科室に入ったとたん，「今日の理科室，何だかくさくない？」という子もいます。「これは，何のにおいですか？」と尋ねてきます。そのにおいが心底いやなわけでもなさそうで，その原因を探っているようです。標本を興味深そうに見ている子や，水そうのメダカを目で追いかけている子もいます。廊下の壁新聞を読んでいる子や，友だちのレポートに感心している子もいます。こうした様子を見ていると，子どもたちがもともと旺盛な好奇心を持ち合わせていることを改めて思い出します。

　理科室は授業を行う特別教室の1つではありますが，子どもたちの好奇心を刺激し，授業以外からも多くのことを吸収できる場所であって欲しいと思います。

　一方，目をうばわれるものが多く，集中力を欠きやすいのも理科室の特徴です。好奇心と危険は隣り合わせでもあります。子どもたちの好奇心を上手に満たしつつ，安全で機能的な理科室を目指したいものです。

　ここでは興味関心を喚起する理科室，機能的な理科室，安全な理科室という視点で，理科室経営を考えます。

理科室経営の実際

1 安全な理科室経営のために

理科室では走ったりふざけたりさせない

　教室でもある程度の節度をもって行動するように指導しますが，**理科室は教室以上の厳しさで指導したい**ものです。走ったり，押したりするのは厳禁です。また，不用意に足などを出していると，つまずいて事故につながります。

理科室にあるものをむやみに触らせない

　教師が日頃から危険な要素を取り除いておくことはもちろんですが，それでも理科室すべての危険性を取り除くことは不可能です。生徒には理科室にあるものには勝手に手を触れないように指導します。ただし，生徒の中には知的好奇心から触ってみたいと考える生徒はいますから，**教師が立ち会いながら，できるだけ生徒の気持ちには応えたい**ものです。

火気や危険な薬品を使用する実験は立って行わせる

　物質を加熱する実験，塩酸などの危険な薬品を使用する

実験，エタノールなどの可燃性の物質を扱う実験などでは必ず立った状態で実験を行います。**何かトラブルがあったときに身を遠ざけることができる**からです。

安全眼鏡の着装励行

水酸化ナトリウム水溶液など危険な**薬品が目に入る可能性**がある場合や，岩石片など**破片が飛散する危険性**がある実験では，特に安全眼鏡の着装を励行しましょう。

片づけ方を指示し，終了後に報告させる

実験が終わったら，片づけ方を具体的に指示します。器具をよく洗い，実験卓を水拭きさせ，次の学級が安全に実験を行えるようにします。また，廃液はむやみに流さず，処理の仕方を指示しておきます。

片づけが終了したら報告させ，教師が片づけの状況をチェックし，問題がある場合はやり直させます。こうしたことを繰り返して，**片づけを習慣化させます。**

器具の破損や汚損は報告させる

器具が壊れたり汚れたりしたら，必ず報告させる習慣をつけます。まず，ケガがないかを確認し，ケガがあった場合はその対応を優先します。ケガがなかった場合は，状況と経緯を確認し，片づけさせます。内容によっては**学級全体で概要を共有し，再発防止に努めます。**

落ち着いて話を聴く習慣をつけさせる

実験の注意点などは特に教師の方を向かせ、落ち着いた状況で説明します。また、聴覚情報だけでなく、図や演示などの視覚情報を交えて説明すると伝わりやすくなります。

また、実験中にトラブルが起きた場合は、一斉に実験を休止し、安全確認をする場合もあります。**緊急時でも指示が明確に通るように環境を整えておく**ことが大切です。

危険なものを放置しない

マッチやライター、塩酸や水酸化ナトリウム、エタノールなどの可燃物、カッターやはさみなどは理科室に放置せず、**必ず準備室など、カギのかかる場所で保管します。**

整理整頓、美化に努める

理科室には様々なものがあります。よく使用される理科室では、準備と片づけが頻繁に繰り返されますが、それぞれのものの保管場所を理科の教師同士で共有し、いつでも使える状態で整理整頓をしておきたいものです。これは、理科室を使用する生徒の安全にもつながります。

また、地震が起きた場合のことも想定しておく必要があります。**不安定な棚や、高いところに置かれた荷物、積み上げられた荷物は危険**です。日頃からチェックをしておきましょう。

2 機能的な理科室経営のために

よく使う小物は小引き出し等へ整理する

　理科室の教卓や棚には小引き出しがついているものがあります。理科の授業で使用するものを思い出してみましょう。薬包紙，薬さじ，ピンセット，ゴム栓，ガラス棒，ろ紙，スライドガラスなど，**使用頻度の高いものを優先的に保管し，小引き出しの前面にラベルを貼って名称を書いておきます。**

よく使う器具は出し入れしやすいところに保管する

　ガスバーナー，三脚，金網，電子てんびんなど，頻繁に使用するものは，**取り出しやすい棚に並べたり，トレイなどにまとめておいたりしましょう。**

　試験管立ては班の数と予備を用意しておき，試験管は伏せた状態で立てて，いつでも使えるようにしておきます。ビーカーは洗ったトレイの上の水切りかごにのせ，乾いたら所定の場所に片づけます。よく使用するビーカーについては，大きさごとに分類しておくとよいでしょう。メスシリンダーは細長く倒れやすいので，ほこりの入らない棚の中に立てておいたり，メスシリンダー専用の箱に伏せておいたりするとよいでしょう。

　こまごめピペットや枝つきフラスコなど，破損しやすいガラス器具は安全な場所に保管しておきます。

薬品や試薬は小分けにする

BTB溶液,フェノールフタレイン溶液,ベネジクト液,ヨウ素溶液など,よく使用する試薬は,点眼びんに保管しておくと使いやすく,便利です。**試薬を数滴だけ滴下する場面でも,スポイト等が不要**だからです。

石灰水は水酸化カルシウムの水溶液です。水酸化カルシウムは水に溶けにくいので,水に過剰の水酸化カルシウムを加えてよく振り,静置して,その上澄み液を使用します。専用のタンクもあるので,活用するとよいでしょう。ふたをあけておくと空気中の二酸化炭素を吸収して薄膜ができるので,密栓してポリエチレン容器などに保管します。

定番で使用する薬品は,班の数と予備を小分けして用意しておくと準備が能率的です。これらの薬品は,**実験後に不足分を補充しておく習慣が大切**です。次に実験を行う際に,薬品が不足して実験までに補充が間に合わないというようなトラブルを回避することができます。

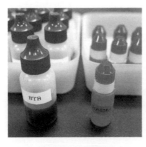
点眼びんと試薬

小分けにした薬品

よく使う導線はセットで保管する

導線は,ミノムシクリップつき導線が一般的です。長めの導線と短めの導線を組み合わせ,班の名前を書いた厚紙にはさんでおけば,すぐに使用でき,本数も容易に確認することができます。

ただし,電気分解などで使用する導線は,クリップの部分が腐食しやすいので,**物理実験で使用するものと化学実験で使用するものは区別した方がよい**でしょう。

実験セットをつくっておく

頻度はそれほど高くないものの,定番の実験として必ず行うものについては,整理箱を用意し,実験セットをつくっておくと便利です(写真は蒸留セットの例です)。枝つきフラ

蒸留セット

スコとシリコン管,ガラス管,穴あきゴム栓,目盛りつき試験管を必要数入れておけば,すぐに実験の準備が完了します。シリコン管やガラス管は適度な長さがある程度決ま

っているので，散逸すると準備で余計な時間を費やします。

　実験セットをつくる際に大切なことは，**班の数と予備を用意しておくこと**です。また，実験が終わったら器具等を**よく洗浄し，確実に片づける**ことです。破損等で数が減少した場合は補充しておくことも忘れてはいけません（文章で書くのは簡単ですが，この片づけの習慣がなかなか難しいものです）。

水上置換法はプラスチックの箱で十分

　水そうは様々な実験で使用しますが，ガラスの透明な水そうでなければならない実験はほとんどありません。100円均一などのお店に行けば，プラスチック製の整理箱がいくらでも手に入るので，**同じ規格の箱をそろえて買えば，水そうの代用になります。**

　教材で販売されている透明な水そうは比較的高価です。代用できる場合はプラスチック製の整理箱を使用し，どうしても実験用の水そうが必要な実験のために，大切に保管しておきましょう。

積み上げられる小箱は役に立つ

　小箱を班の数だけ用意しておくと，実験で使用するものを小分けにして準備しておくのに好都合です。また，重ねることができるタイプの箱であれば，**限られたスペースに仮置きするときにも便利**です。必要に応じて準備しておきたいものです。

3 興味・関心を喚起する理科室経営のために

動物を飼育したり，標本を置いたりする

　私の以前の同僚は生物が専門で，メダカ，カエル，トカゲ，ネズミなどを飼育しています。通りすがりの生徒が立ち止まって眺めながら，「かわいい」とか「気持ち悪い」と言いながらその同僚に話しかけています。

　また，廊下の棚には様々な動物の標本や頭骨が置いてありますが，生徒はそれらを恐る恐る眺めています。

　飼育や標本の展示には手間がかかりますが，**生徒の興味・関心は間違いなく高まります**。いつも感心しながら同僚と生徒の動物談義を聞いていました。

時事ネタを掲示する

　日食や月食，探査機の動向，113番元素，ノーベル賞の受賞など，新聞を賑わす科学の話題は少なくありません。**タイムリーに情報を提供する**ことで，生徒の興味・関心を刺激することができます。

作品を掲示する

　レポートやスケッチなど，生徒の代表作品を掲示します。

　仲間の手本となるレポートやスケッチを見ることで，よいレポートやスケッチがどのようなものなのか，**具体的なイメージをもつことができます**。

もの知りコーナー，クイズコーナーを設ける

　授業で学んだことが日常生活や社会とつながっていくことはとても大切です。これは，授業の中でも気に留めたいことですが，扱える話題には限りがあります。そこで，授業で学習したことに関連するもの知りコーナーやクイズコーナーを掲示板などにつくるのも1つの方法です。

　例えば，**授業で学習したことに関連した身の回りの話題についてのクイズを作成し，掲示しておきます。**正解はめくればわかるようにしておいてもよいですし，少し日を置いてから発表するのもよいでしょう。クロスワードパズルのような，遊び心を加えたものもよいでしょう。岩石を学習した後などには，近くの川原のれきや身近で利用されている岩石を展示して，その名称を当てさせたりすることも考えられます。

様々な啓発ポスターを貼る

　出版社や各種団体が定期的に発行している理科に関するニュース，博物館などのイベントの紹介，自由研究の募集など，理科室の壁を様々な情報を提供する場として活用します。

　ただし，学校として情報を提供する場合は，情報の発信元が信頼できるものか，公共性の高い情報か，バランスがとれた内容であるかなど，**発信する情報の内容は精査しましょう。**

Chapter 11

第11章
機器の活用

スライド
（パワーポイントなど）

1 スライドの特徴

　パソコンの演示ソフト（パワーポイントなど）が普及し，テキストや画像を自由自在に貼りつけることができるようになりました。事前に画像や資料を準備しておけば，スクリーンで大写しにして，学級全員で共有しながら授業を進めることができます。

　スライドの長所は，パラパラ漫画のように段階的に移り変わりを示すことができる点です。例えば，化学反応式をつくるときには，反応前後で原子の種類と数をそろえる必要がありますが，その手続きを段階的にスライドで説明することができます。

　一方，スライドは次々に画面が変わるので，内容をノートに記録したり，板書のように授業の経過を残し，全体を概観したりすることには向きません。また，授業の展開に合わせて修正を加えることも困難です。したがって，板書のかわりというよりも，**板書とスライドが相互に補完し合う形で上手に活用したい**ものです。

2 活用事例

化学反応式のつくり方

化学反応式のつくり方の学習では、記号を覚えたり、反応前後で原子の種類と数をそろえたりする場面で生徒は混乱します。そこで、原子のモデルを用いながら、化学反応式のつくり方を段階的に示し、理解を深めます。

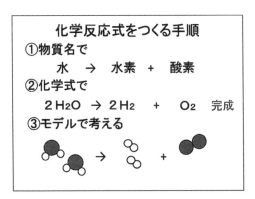

上の図は完成した状態のスライドですが、**アニメーションを使用すれば、化学反応式を完成させる過程を段階的に示すことができます。**

例えば、まず物質名で反応を表し、物質名を化学式と原子のモデルで表します。反応前後の原子の種類と数を比較しながら、まず水分子を1個増やし、次に水素分子を増やすという過程を示すことができます。

凸レンズと実像

凸レンズによってできる実像を作図によって求める際，単なる作図の作法を教えるのではなく，凸レンズを通過した光線のうち，代表的な光線を用いて作図していることを意識させるために，スライドを活用します。

右上の図は，凸レンズがないと光がただ拡散していく様子を示しています。

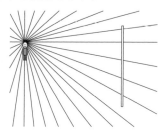

凸レンズがない場合

右中央の図は，凸レンズによって1点に光を集めることができるようになり，その場所に実像ができることを示しています。

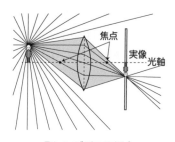

凸レンズがある場合

右下の図は，作図により実像の位置と大きさを知るためには，代表的な光線を用いて作図すればよいことを示しています。

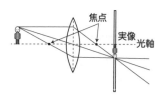

代表として引く光線

このように，**図を段階的に示したいときにスライドは大変有効**です。

教材提示装置

1 教材提示装置の特徴

生徒に実物を示したいのに,学級全体に同時に見せることが難しい場合があります。そんなとき,教材提示装置が威力を発揮します。

教材提示装置はいろいろな形状のものが販売されています。例えば,下の写真の左側の教材提示装置は,平面的なものを提示するのに向いています。両側から照明を当てることが可能で,**明るさや大きさを調整できます。**バックライトがあるタイプでは透過光を提示することができます。右側の教材提示装置は,ネックの部分が自由自在に曲がるので,**教材などを様々な角度から細部まで見せることが可能**です。

2 活用事例

生徒が書いたものを示す

生徒に考えたことなどを発表させる場合，**ノートやワークシートなどの図を示しながら説明すると，聞き手にも伝わりやすい**発表になります。また，生徒のよいノート例などを紹介する際も，実物を見せながら説明するとわかりやすくなります。

実験装置や実験操作を説明する

実験装置や操作の細部がわかりにくい場合でも，教材提示装置で示しながら説明すれば，学級全員で**細部まで共有することができます**。

実験結果を共有する

演示実験で計器の目盛りを示す際，近くにいる生徒に読み取らせる方法も考えられますが，教材提示装置で数値を映し出せば，即時に学級全体で共有できます。また，磁石のまわりの鉄粉の模様など，口頭で説明しにくい結果についても，全員で確認することができます。顕微鏡との接続が可能なものもあり，顕微鏡画像を拡大して見せることが可能です。生徒自身に実物を見せるのが基本ですが，**何をどのように見たらよいのかがわからない生徒には，視点を与えるという意味で有効**です。

映像教材

　理科の授業では，実際の事象を観察することが基本ですが，すべての事象を理科室で体験できるわけではありません。映像を通して実感をともなった理解を図ることも大切です。

　現在では様々な映像教材が発売されています。高価なものもありますが，理科室で再現することが難しいものを優先に，予算が許す範囲でそろえておきたいものです。またネット上には，公共性の高い団体が教育用の映像教材を無料で提供しているケースもあるので，ぜひ活用したいものです。

　テレビでも授業で使える優れた番組が放映されています。学習指導要領に基づく授業の過程で録画したテレビの画像を見せることが法的に問題とされることはありません。ただし，**目的外の利用には制限があるので，注意が必要**です。

　また，**教師が自分で撮影するのも有効な教材研究の方法**です。私の以前の同僚は校舎の屋上から花火大会を撮影し，音の速さを求めさせる課題を用意しました。教師が用意した身近な映像にも，生徒をひきつける魅力があります。

ホワイトボード

　近年，班で話し合って発表する場面でホワイトボードが使用されることが多くなってきました。ホワイトボードは書いたり消したりを自由にできるので，班内で生徒が話し合い，試行錯誤をしながら班の考えを練り上げるツールとして優れていると言えます。また，黒板や掲示板などにホワイトボードを掲示する場所を設ければ，各班の考えを共有することができます。

　ホワイトボードの面積は限られているので，**長々と説明を書くのではなく，大きな図と短文で構成し，口頭で補足する**ように指導します。

　ホワイトボードは効果的な面もありますが，班の活動を観察していると，熱心にホワイトボードの作成にかかわる生徒と作成にほとんどかかわらずに傍観している生徒がいることに気づきます。あえてホワイトボードを使わず，班で話し合いをしながら，それぞれの生徒が自分のノートに班の考えをまとめ，教材提示装置を使用してノートを映しながら発表させるという選択肢もあります。他の機器にも言えることですが，それを**使うことそのものが目的化しないよう，使う意味がどこにあるのかを常に意識しておきたい**ものです。

電子黒板

近年,社会の情報化が急速に進み,教育の世界においても情報化が話題になることが多く,平成23年には文部科学省から「教育の情報化ビジョン」が示されました。そのビジョンによれば,教育の情報化は,次の3つの側面を通して教育の質の向上を目指しているとされています。

> 1 情報教育(子どもたちの情報活用能力の育成)
> 2 教科指導における情報通信技術の活用
> 3 校務の情報化

電子黒板の普及が進んでいる背景には,このような社会の動向と政府の方針が関係しています。

ここでは,教科指導という観点から,上記の2に重点を置き,電子黒板について考えたいと思います。

『大辞泉』によると,電子黒板は「電子化されたホワイトボード。ペンで書き込んだ内容の保存・再生,パソコンやスキャナーとの連動による画像の表示・保存などができる。スクリーン上の操作によってパソコンへの入力や指示をするインターフェースとしての機能をもつものは,インタラクティブホワイトボードとよばれる。電子情報ボー

ド」とされています。

そんな電子黒板の活用には,以下のようなメリットがあると考えられます。

---

1 パソコン画面を映し出し,画像,動画,音声と融合させることができる。
2 拡大,縮小が自由自在で,書き込みができる。
3 電子データとして保存し,授業の履歴が残せる。
4 画面上での直感的な操作が可能である。
5 デジタル教科書などのコンテンツと連携し,双方向,対話型の活用ができる。

地域によって導入状況には差があり,各教室に1台設定されている学校は一部の学校にとどまります。また,実践している学校でも,以下のような課題があがっています。

---

1 移動,設置,位置合わせに時間を要する。
2 教師相互で電子黒板を使う日の調整が必要。
3 操作が得意な教師と苦手な教師の格差がある。
4 より質の高いコンテンツの普及が望まれる。
5 動作不良や通信障害による授業の中断がある。

課題はあるものの,様々な可能性を秘めた電子黒板なので,**実際に授業で使用しながら,活用法を考えていきたい**ものです。

Chapter 12

第12章
授業規律と
ルール

授業規律の大切さと難しさ

1 理科における授業規律

　理科の授業はいわゆる座学と実技の両面をもっています。じっくりと説明を聴きながら理解を深める場面，じっくりと自分の考えを記述する場面，観察や実験を行う場面，活発に意見を交換する場面など，多様な場面が授業の中で展開されていきます。授業を受けている生徒がそれぞれの場面でふさわしい振る舞いができることが理想ですが，実際には指導で様々な苦労をしながら生徒と向き合っているというのが多くの中学校の現状でしょう。

　理科における授業規律は，2つの側面を考える必要があります。1つめは**生徒の安全を保障すること**です。多くの観察・実験をともなう理科では，注意事項を周知徹底し，落ち着いた環境で観察・実験に臨ませることがとても大切です。2つめは**学習する機会を保障すること**です。まず，まじめに学習に取り組もうとしている生徒の学習の機会を保障しなければなりません。同時に課題がある生徒についても，授業に引き込み，学習する機会を保障できるように努めなければなりません。

2 授業規律を高めるために

　授業規律を根づかせることは，決して高圧的な指導によって体裁を整えることではありません。静かに落ち着いて教師や友だちの話を聴くことも大切ですが，話し合いの場面では活発に意見交換をすることが大切ですし，観察や実験で興味深い事象に遭遇したときは，素直に感動を表してほしいものです。

　こうした雰囲気をつくるには，教師と生徒，生徒相互の信頼関係が欠かせません。そのためには，以下の2つのことがポイントになってきます。

　1つは，**生徒に質の高い授業を提供できるよう，教師が日頃から研鑽に努めること**です。そしてもう1つは，**理科の授業に関するルールを共有し，そのルールの背景を理解させること**です。

　学年当初にルールを確認し，授業をスタートします。そうはいっても，なかなかルールを守れないのが中学生です。実態に応じて，根気強く，ときには毅然と指導を続けていきます。一方，教師の言動も生徒から注目されています。チャイム始業を守るなど，教師自身も襟を正し，教材研究に力を入れ，よりよい授業づくりに取り組みます。

　信頼関係の中から規律のある授業がつくり出されていくことを目指したいものです。

確認したいルールと指導

1 安全にかかわるルール

観察・実験がともなう理科では,安全にかかわるルールは重要です。例えば,以下のようなルールが考えられます。

> 1 理科室内では走ったりふざけたりしない。
> 2 器具や試薬などに勝手に触らない。触れたい場合は必ず相談する。
> 3 指示されていない方法では実験しない。他の方法を試したい場合は,必ず相談する。
> 4 器具を破損した場合はすぐに報告する。

2 時間にかかわるルール

チャイム始業の習慣をつくります。教師もチャイムと同時に授業を始めるようにします。また,**生徒の休み時間を保障し,次時に迷惑をかけない**ためにも,終業時刻も守ります。片づけの時間も想定して授業を計画します。

3 私語にかかわるルール

教師の説明時や友だちの発表時は私語をせずに話し手の方に耳を傾けさせます。理科室の場合,机の配置によっては黒板に正対しない場合もありますが,**話者の方に体を向けるという習慣をつけさせることが大切**です。そのうえで,興味深い話題や楽しい話題には素直なリアクションが表せる雰囲気があるといいのですが,私自身もこのあたりのさじ加減が難しいなと日々感じています。

観察,実験の場面や考えを出し合う場面では,必ずしも静かにしていればよいというものではありません。コミュニケーションを積極的に図り,学習を深めさせたいものです。しかし,うっかりすると脱線して授業とまったく関係ない方向へ話題が移っていく生徒もいます。集中が切れそうになるのを感じたときには,状況に応じて声かけをしてみましょう。

4 役割にかかわるルール

理科の授業では,班単位の準備や片づけが日常茶飯事です。細かい指示をしなくても全員が仕事を探して動くことが理想ですが,難しい場合には,班の席に番号を振っておき,「1番の人は○○を準備してください。2番の人は…」というように,具体的に指示をするのもよいでしょう。片

づけも同様です。片づけは準備に比べるといい加減になりがちです。報告を義務づけ，片づけの状況を確認しましょう。いい加減な場合はやり直させます。根気がいりますが，**繰り返すことで習慣化していく**ものです。

5 美化にかかわるルール

観察・実験で生じたゴミについては，燃えるゴミと燃えないゴミなど，地域のルールで分別させます。割れたガラスは，危険防止の観点からガラス専用のゴミ箱に捨てさせます。また，実験で使用した水溶液や薬品等のうち，環境に負荷を与えるものについては，回収の方法を指示します。最後に，**実験机の上をかたくしぼった台拭きで拭かせます。**美化だけでなく，安全面でも重要なことです。

6 提出物にかかわるルール

提出物は授業内での提出が望ましいのですが，後日提出の場合は提出期限を明示します。提出期限には提出状況をチェックして，未提出者の指導をします。私は遅れても提出するように促していますが，期限までに提出したものと同等の評価はできないので，減点することを伝えています。提出期限を過ぎたら受け取らない方針の教師もいます。どちらがよいとは一概には言えませんが，**提出させずに済ましてしまうのは心配**です。

Chapter 13

第13章
授業で配慮したいこと

生徒の目線で考える

1 実験操作を生徒の目線で考える

　理科の教師は実験操作に精通しているので,「これぐらいのことは当たり前」と思い込んでいることが多々ありますが, **生徒の目線で見てみると, 必ずしも当たり前ではないことも少なくない**ものです。

事例1　鉄と硫黄の混合物を試験管に入れる場面

　鉄と硫黄を乳鉢で混合し, 混合物を試験管に入れる場面があります。当然, 薬包紙の上に混合物を出し, 試験管に移すものと想定していたら, **混合物を乳鉢から試験管に直接入れようとしている生徒を見かけました。**パラパラと混合物が机の上にこぼれるのが見えます。自分の中では想定外だったのですが, それ以来, 乳鉢の中の混合物を試験管に移す際には, 具体的な指示を加えることにしました。

事例2　ガスバーナーの火の大きさ

　加熱するときの火の大きさを生徒から問われることがあります。「普通の大きさでいいです」などと答えてしまっ

たことがありますが、生徒は今ひとつ納得できない顔をしています。**必ずしも生徒に「普通」のイメージがあるとは限らない**のです。「親指1本分ぐらいの大きさ」などと、具体的なイメージを伝えると安心して動きだします。

事例3　量の厳密さ

　例えば、「100cm³の水を入れなさい」と指示をしたとします。蒸留の冷却水を100cm³用意するのと、水溶液の濃度を意識して100cm³の水を用意するのとでは意味がまったく違います。生徒はある面ではまじめなので、**冷却水100cm³をメスシリンダーで厳密に量りとろうとします。**そうかと思うと、ビーカーの目盛りを頼りに水溶液の濃度を調整している生徒もいます。

　したがって、ときには「100.0cm³の水」なのか、「およそ100cm³の水」なのかを明示し、メスシリンダーで量るのか、ビーカーの目盛り程度でよいのかを理解させておく必要があるでしょう。

　3つの事例をあげましたが、ここで伝えたいことは、教師が思っているように中学生はものを見ていないということです。「そんなこともわからないのか」と驚くだけでなく、日々の実践の蓄積の中から生徒の実態を感じ取り、どのような指示をしたら円滑に授業が進むのかを考えることが大切です。

2 事象のイメージを生徒の目線で考える

　理科の教師は学生時代からどちらかというと理科が得意であり，基本的な概念は当たり前に身についているはずです。そういった基本的な概念も，生徒の目線で見てみると，必ずしも当たり前ではないことがあります。

事例　物体にはたらく力

　下の図は，斜面を上る台車の様子を示しています。手を離すと台車は減速し，やがて静止します。この過程で台車にどのような力がはたらいているのかを問うと，進行する向き（右斜め上向き）にはたらく力を想定している生徒が意外に多いことに気づきます。**台車が運動している向きに目がうばわれている**ことがわかります。

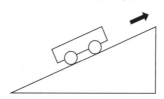

　これはほんの一例ですが，生徒がなぜ理解しないのかを突き詰めていくと，**もともと生徒がもっているイメージが理解を阻害している**場合もあります。やはり，日々の実践の蓄積の中から生徒の実態を感じ取り，どのように授業を組み立てたらよいかを考えることが大切です。

声の大きさとテンポ

1 声の大きさとテンポの大切さ

　教師は数十人の生徒を相手に話を聴かせる場面が多いので，しっかりと声を出すことができるというのは重要な資質です。だからといって，大きい声をただ出し続ければよいというものではありません。教育実習生の授業でときどき見かけることですが，**教室内がざわついてくると，それを上回る大きさの声で説明しようとします。**すると，相乗効果で，さらに落ち着かない雰囲気をつくってしまうことがあります。

　一方，ときどきテレビなどで落語家の話し方を聴いていると，穏やかに語りつつ，ある場面では声の抑揚を上げ，たたみかけるように聴衆を圧倒し，別の場面ではじっくりと間をとり，聴衆をひきつけます。

　私自身は比較的早口で，一本調子で話してしまう傾向があり，なかなか直りません。自分自身の授業をビデオに撮影して見ると，はずかしくて顔から火が出そうになりますが，**客観的に自分自身の話し方を聴いてみるのもよい勉強になります。**

2 授業場面での工夫

授業では実験操作を説明したり，学習内容を説明したりする場面がありますが，このときの話し方も大切です。例えば，蒸留の実験の後に枝つきフラスコの中味を捨てるときの説明です。下の2つの話し方を比べてみてください。

話し方A

「枝つきフラスコ内の液体を出す際は，枝の向きを上にするように注意します。なぜなら，上の図のようにすると，枝から液体が流れ出してしまうからです」

話し方B

「枝つきフラスコ内の液体を上の図のように捨ててしまいました。**何が問題かわかりますか？（間を取る）**枝から液体が流れ出してしまいますね。枝つきフラスコ内の液体を出す際は，枝の向きを上にするように注意しましょう」

AもBも内容は同じですが，Aは通り一遍でやや事務的です。Bのように，少し工夫を加えることで，生徒をひきつけ，大切な点に注目させることができます。

授業中の立ち位置

1 説明する場面

　一般的には生徒の前に立ちますが，板書やスクリーンで説明する場合は，すぐ前にはできるだけ立たないようにし，必要に応じて指示棒などを使用します。実験器具などを用いて説明する場合は，**すべての生徒が見えるように，ときには角度を変えながら説明する**とよいでしょう。

　全体に説明するときには，多くの生徒と目線を合わせるようにしたいものです。

2 生徒が発表する場面

　生徒が発表する場合，他の生徒側に立ち，一緒に聴くようにします。本来，生徒の発表は他の生徒に向けて発信するものですが，発表する生徒はどうしても教師を意識する傾向があります。そこで，**教師が少し離れた位置で他の生徒と一緒に話を聴くようにすれば，他の生徒全体に向けて発表できるようになる**わけです。もちろん，支援が必要な場合はその限りではありません。

3 生徒による観察,実験の場面

観察,実験の場合は安全が第一です。常に理科室全体が視野に入るような位置に立つようにします。**木を見ながら森もしっかりと見るという感覚**です。班ごとに個別に指導する際も,他の班の動向にアンテナを張っておくことを忘れてはいけません。

4 演示実験の場面

演示実験中に教師の立ち位置によって死角が生まれていないかを意識します。また,実験の内容によっては,安全のために教師と生徒が一定の距離を保つ必要がある場合がありますし,**万が一トラブルが発生した場合でも,すぐに対処できる位置に立つ**ということも考えておきましょう。

5 野外学習の場面

野外学習では,**複数の教員で引率し,列の前後を教員で挟みます。**要所で点呼を行い,学習中も生徒の動向を把握しておきます。

野外学習を行う場合は,あらかじめ実地踏査を行い,危険な場所を把握しておきます。引率をする際は,危険箇所では近くに立ち,注意を促します。

机間指導

1 机間指導のねらい

「机間指導」については、「机間巡視」「机間支援」など、類似した言葉もよく使用されますが、私は**生徒の実態を把握して教師が指導するという側面が大切**であると考えているので、授業場面では机間指導という言葉を使っています。

一斉授業では、教師が生徒の前に立ち、全体に向けて指導するのが一般的ですが、机間指導では教師の方が生徒に近寄ることで、個別に指導する場面が生まれます。何か課題に取り組ませている場面や観察・実験の場面が想定されます。

机間指導には以下のようなねらいがあります。

> 1　指示が適切に届いているかどうかの確認と指導
> 2　安全に作業をしているかどうかの確認と指導
> 3　学習状況の評価と個（または班）に応じた指導

2 机間指導で留意しておきたいこと

まず,指示が届いているかどうかを確認する

 一般に,生徒の活動は教師の指示によって開始されますが,教師の意図が生徒に届いていないことがよくあります。早い時期に修正しないと,授業の成否に大きく影響します。生徒の活動が始まったら手早く様子を確認し,適切に動き出しているかどうかを確認します。そして,うまく動きだしていない生徒を把握し,助言をします。**まずは,すべての生徒を同じ土俵にのせることが大切**です。

安全確認はしっかりと

 特に観察・実験の場合,安全に作業が行われているかどうかを確認します。その際,**教師自身が危険性を想定しておく必要があり,その枠組みで生徒の活動を見とらなければなりません。**ただ漫然と机間を回っていても,事故を予見することはできません。

生徒のつまずきを把握し,解決のヒントを与える

 机間を回っていると,全体指導では見えてこない個々の生徒の実態が見えてきます。生徒のつまずきを把握し,解決を促します。その際,つまずいている点について教師がすべて解説してしまうのではなく,個に応じたヒントを与え,**最後に自分自身で気づけるように促します。**

学習が進んでいる生徒には新たに課題を示す

学習が進んでいる生徒は,意欲と能力が高い生徒でもあります。**課題をより掘り下げて考えさせたり,類似した課題を与えて広げて考えさせたりする**など,常に刺激を与えるようにします。

よい点は積極的にほめる

観察・実験がうまくいっている班やよい観点に着目している生徒を見つけた場合は,その内容を具体的にほめます。当人の意欲が向上するのはもちろん,まわりの班にとってもよい刺激になります。「○○によく気づいたね」「この書き方はわかりやすいね」などと**わざと聞こえるようにつぶやけば,まわりの生徒へのヒントにもなります**。

多くの班を回る

特定の生徒だけとかかわるのではなく,できるだけ多くの生徒と言葉を交わすようにします。特に,**学力が中間層の生徒は声をかけてもらえないことが多いので,意識して声をかけたい**ものです。

その後の指導に生かす

生徒の実態把握は,教師自身の授業改善にもつながります。**教師自身の想定と生徒の実態のズレを自覚する**ことで,その後の指導の改善に生かしていきます。

【著者紹介】

宮内　卓也（みやうち　たくや）
東京学芸大学教育実践研究支援センター准教授
1966年，東京都生まれ。1989年，東京学芸大学教育学部卒業。2011年，同大学大学院修士課程修了。八王子市立横山中学校教諭，八王子市立加住中学校教諭，東京学芸大学教育学部附属世田谷中学校教諭，東京学芸大学附属世田谷中学校主幹教諭を経て2016年より現職。
専門は教員養成，理科教育。
中学校学習指導要領解説理科編（平成20年9月）作成協力者。
中学校理科教科書編集委員（啓林館），日本理科教育学会会員，日本化学会教育会員。
（著書）
『中学校理科　授業を変える板書の工夫45』（単著，明治図書），『板書とワークシートで見る全単元・全時間の授業のすべて　中学校理科3年1分野』（編著，東洋館出版社），『イラストでわかるおもしろい化学の世界』1～3（共著，東洋館出版社）等

中学校理科の授業づくり　はじめの一歩

2016年6月初版第1刷刊 ©著　者	宮　　内　　卓　　也
発行者	藤　　原　　光　　政
発行所	明治図書出版株式会社

http://www.meijitosho.co.jp
（企画）矢口郁雄　（校正）大内奈々子
〒114-0023　東京都北区滝野川7-46-1
振替00160-5-151318　電話03(5907)6701
ご注文窓口　電話03(5907)6668

＊検印省略　　　　組版所　株式会社カシヨ

本書の無断コピーは，著作権・出版権にふれます。ご注意ください。

Printed in Japan　　ISBN978-4-18-203729-0
もれなくクーポンがもらえる！読者アンケートはこちらから →